Sur les traces des...

DIEUX GRECS

GALLIMARD JEUNESSE

En hommage
à Claude Mossé et Simone Tailleur
qui m'ont initiée aux merveilles du monde grec
Marie-Thérèse

ISBN : 978-2-07-063050-9

Loi n° 49-956 du 16 juillet 1949 sur les publications destinées à la jeunesse.

Dépôt légal : février 2010 - N° d'édition : 172106
Photogravure : Scanplus
Imprimé par L.E.G.O. S.p.A. (Italie)

Sur les traces des...

DIEUX GRECS

raconté par Marie-Thérèse Davidson
illustré par Daniel Maja

GALLIMARD JEUNESSE

Sur les traces des...

DIEUX GRECS

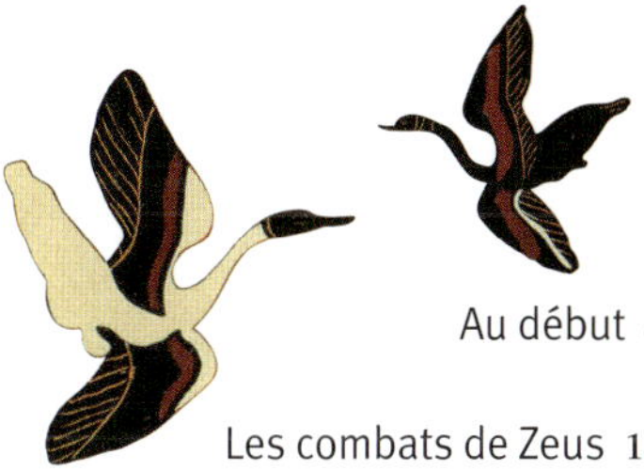

DIEUX ET HÉROS

THRACE
Olympe
Troie
LEMNOS
THESSALIE
Delphes
BÉOTIE
Ithaque
Thèbes
Parnasse
Athènes
Corinthe
ARCADIE
Argos
PÉLOPONNÈSE
DÉLOS
Pylos
Sparte
NAXOS
CYTHÈRE
CRÈTE
CAUCASE
COLCHIDE
BOSPHORE
TROADE
PHRYGIE
GRÈCE
CRÈTE
SYRIE
CHYPRE
Sidon
PHÉNICIE
MER MÉDITERRANÉE
PHAROS
NIL
ÉGYPTE

Au début

Au début, il n'y avait rien. Rien qu'un Vide immense, Chaos, ouvert sur l'infini. Puis un jour…

Un jour… si l'on peut dire, car il n'y avait ni jour ni nuit… Un jour, de ce Vide béant émergea Gaïa, la Terre. Lentement (ou instantanément ? Qui peut le dire, puisqu'il n'y avait personne ?), elle grandit, s'allongea, s'étira, prit de l'épaisseur, de la consistance : elle exista.

Mais être seule à exister, cela devient vite très ennuyeux ! Alors Gaïa conçut d'autres éléments pour lui tenir compagnie : les Montagnes, Pontos – le Flot marin – et surtout Ouranos, le Ciel. La Terre fut immédiatement séduite par ce Ciel étoilé ! C'est qu'en même temps, de Chaos venait de naître Éros, le plus beau, le plus doux et le plus tyrannique des dieux : le Désir amoureux. Gaïa créa donc Ouranos aussi large, aussi vaste qu'elle, de sorte qu'il la recouvrît tout entière. Et ce fut le premier couple de l'Univers.

Ouranos recouvrit en effet Gaïa, amoureusement. Si amoureusement qu'elle conçut de lui une multitude d'enfants, qui désormais avaient une mère et un père.

Pendant ce temps, Chaos continuait à engendrer – seul – des divinités, les plus sombres : l'Érèbe ténébreux et la Nuit noire. Et Nyx, la Nuit, à son tour engendra Héméra, le Jour lumineux et Éther, l'Air transparent. Puis Thanatos, la Mort inflexible et Hypnos, le doux Sommeil, qu'accompagnent les Songes, Oniroï.

Les premiers rejetons de Ciel et de Terre furent six dieux et leurs six sœurs, les Titans et les Titanes. Ces douze-là furent suivis d'autres divinités extraordinaires, de taille immense et d'une puissance redoutable. D'abord trois Cyclopes, dotés d'un œil unique, experts dans le maniement de la foudre, des éclairs et du tonnerre. Puis trois géants encore, d'une violence et d'une force terribles. Comme ils avaient cinquante têtes et cent bras, on les appela les… Cent-Bras.

Mais tous ces dieux et ces déesses grandissaient dans le ventre de Gaïa, dans les profondeurs de la Terre, sans venir au monde ! Comment auraient-ils pu naître en effet ? Ouranos, continuellement amoureux de Gaïa, la recouvrait continuellement, sans lui accorder le moindre répit, sans laisser sortir leurs rejetons ! Et Gaïa se sentait lourde de tous ces enfants qui croissaient à l'intérieur d'elle. Elle avait tant envie de les voir s'épanouir au-dehors…

Elle essaya d'attendrir Ouranos, de le repousser un peu, mais peine perdue : il ne prêtait d'attention qu'à son propre désir. La rancœur de Gaïa grandissait contre cet époux égoïste, elle ne supportait plus sa brutalité. Elle réfléchit longtemps, et trouva une solution, définitive : si Ouranos l'aimait trop pour accepter de s'éloigner, il fallait lui ôter tout désir, en l'amputant de ses organes sexuels.

En cachette, Terre conçut en son sein le métal solide et luisant dans lequel on fabrique les instruments, elle en fit une lame fine et tranchante, qu'elle recourba, créant ainsi la première faucille. Et elle exposa son projet à ses enfants, qui grondaient tout bas d'être ainsi enfermés.

– Enfants, mes enfants, vous gémissez de la cruauté de votre père, qui vous tient prisonniers tout au fond de moi. Allons, courage ! Lequel d'entre vous saisira cette faucille, et nous libérera de ce fou furieux ?

Mais aucun d'eux, ni Titan, ni Cyclope, ni Cent-Bras, n'osait imaginer de porter la main sur son père. Par respect ? Par crainte ? Le résultat était le même... Dans le silence pourtant, une voix s'éleva :

– Moi, mère, je ferai selon ton désir. Tu ne peux rien vouloir de criminel...

C'était Cronos, le plus jeune des Titans, malfaisant et avide de pouvoir. Il s'empara de la faucille, et profitant d'un moment favorable, il émascula son père d'un coup sec, puis jeta dans la mer ses parties génitales.

Fou de douleur, Ouranos s'éloigna d'un seul mouvement, et depuis ce temps, il reste au-dessus de Gaïa, aussi large et aussi vaste qu'elle, sans jamais la toucher.

Toutefois, de la blessure d'Ouranos jaillirent des gouttes de sang, qui tombèrent sur la Terre et engendrèrent les derniers enfants de Gaïa et de Ciel, enfants plus terribles encore que les premiers : les Érinyes, les Géants, et les Méliades. Tous conservent le souvenir de leur naissance sanglante. Les horribles Érinyes poursuivent les meurtriers, et surtout ceux qui ont commis un crime contre un membre de leur famille. Elles les torturent sans relâche, jusqu'à les rendre fous. Les Géants, eux, dont la tête touche le Ciel et dont les jambes sont des serpents noueux, ne savent que se battre, et rien ni personne ne les effraie. Quant aux Méliades, habitantes des frênes – ces arbres dont le bois sert à fabriquer lances et javelots –, elles se délectent de la guerre et du carnage.

Mais d'Ouranos naquit encore une dernière fille. Dans la mer où il était tombé, son sexe laissa échapper les dernières gouttes de semence, qui se mêlèrent à l'écume des vagues. De ces écumes mêlées naquit la plus belle des déesses, Aphrodite, à laquelle s'attacha dorénavant le Désir amoureux.

Désormais, Ouranos était relégué bien loin au-dessus de la Terre.

Le rusé Cronos devint alors roi des dieux, avec l'aide des autres Titans. Seul son frère Océan refusa de profiter de son crime et resta à l'écart, entourant respectueusement la Terre de ses eaux. La plupart des Titans s'unirent à leurs sœurs, Cronos épousant Rhéa.

Quant aux Cyclopes et aux Cent-Bras, ses frères monstrueux, le premier mouvement de Cronos fut de les délivrer. Mais pris de méfiance devant leur force, craignant pour son privilège royal, il les enferma à nouveau au plus profond de la terre, dans **le Tartare**.

Le Tartare : endroit le plus profond de la Terre, considéré parfois comme différent d'elle, parfois comme en faisant partie. Plus tard, lieu le plus sinistre des Enfers.

Un danger le guettait encore. Sa mère Gaïa, qui savait tout de toute éternité, l'avertit :

– Un fils te naîtra, qui te détrônera.

Cronos tenait par-dessus tout à son pouvoir de roi. Il décida donc de dévorer tous les enfants qui naîtraient de Rhéa. Quel meilleur moyen pour les empêcher de régner ?

Et Rhéa mit au monde un premier enfant. Elle eut à peine le temps de reconnaître que c'était une fille, que Cronos la réclama, et l'avala d'un coup. Ainsi fit-il, une fois, deux fois, trois fois… Rhéa supportait de plus en plus mal la peine que lui imposait son terrible époux. Et quand elle fut enceinte de son sixième enfant, elle décida que celui-là vivrait.

Elle s'assura de la complicité de sa mère la Terre, qui n'avait pas oublié ce qu'elle avait elle-même subi autre-

fois. Elle obtint aussi l'aide de son père le Ciel, trop heureux de se venger de Cronos.

Quand elle fut sur le point d'accoucher, ils la menèrent en Crète à la faveur de la nuit, et au creux du mont Ida, dans une grotte profonde et inaccessible, Rhéa mit au monde son plus jeune fils, Zeus, et elle l'abandonna aux soins de Gaïa. Puis elle se rendit immédiatement auprès de son époux, non sans avoir entouré de langes une grosse pierre qu'elle lui présenta. Cronos le glouton avala cette pierre d'un coup, sans même se rendre compte de la supercherie.

La prophétie de Terre pouvait s'accomplir.

L'HISTOIRE DES DIEUX GRECS commence par une cosmogonie, c'est-à-dire une histoire de la naissance du monde et de son évolution. Cette cosmogonie fournit à des hommes primitifs les explications dont ils ont besoin pour apprivoiser leur univers.

Constellation du Serpent

Le monde selon Hérodote

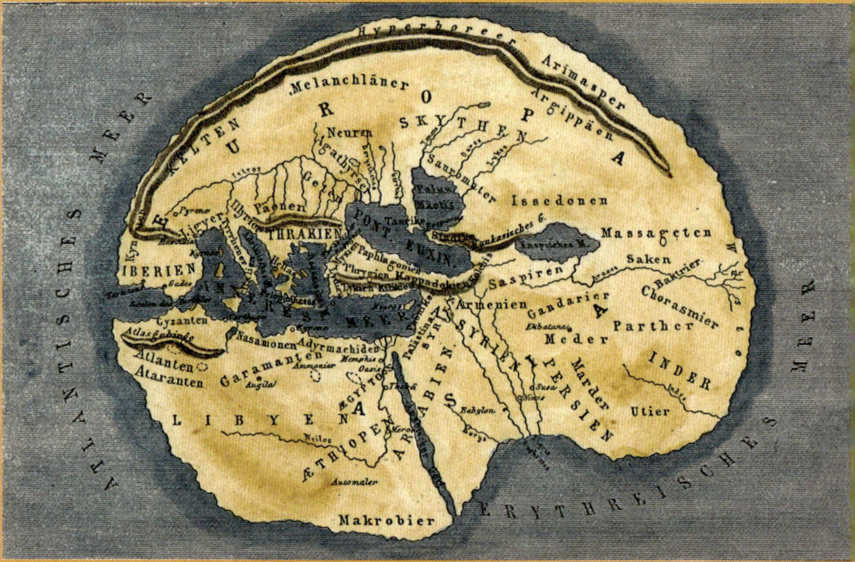

Le monde selon Hérodote
Dans ses *Historia* (« Enquêtes »), Hérodote parcourt le monde connu au Vᵉ s. av. J.-C. Dans ses récits, on retrouve la vision primitive d'une Terre quasi ronde, entourée d'une mer continue.

> « Gaïa créa Ouranos aussi large, aussi vaste qu'elle, de sorte qu'il la recouvrît tout entière. »

Terre et Ciel
Pour les Grecs les terres se répartissent à peu près symétriquement autour d'eux et de la Méditerranée. Quant à l'Océan, c'est un fleuve qui entoure complètement la Terre ronde et plate. Les Grecs reconnaissent dans les constellations célestes, groupes fixes d'étoiles, des héros immortalisés.

Les paysages
Tout dans la nature s'explique par la présence des dieux. Les montagnes naissent dès l'origine du monde, mais elles seront bouleversées par les guerres des dieux, ce qui explique les reliefs les plus torturés.

Les fleuves et les forêts
Les fleuves sont habités par des dieux masculins, tandis que ruisseaux, sources et arbres le sont par des jeunes filles divines : nymphes des eaux (naïades) et des arbres (dryades). Les frênes, au tronc droit et au bois dur – parfaits pour les lances –, jouissent d'une considération particulière : leurs nymphes, les Méliades, sont les aînées de toutes.

Les volcans
Tout ce qui semble vivant est habité par des divinités : les volcans en activité sont de gigantesques forges divines, ou bien les prisons de monstres terrifiants, dont les mouvements provoquent grondements et éruptions...

Massif des Météores en Grèce

Forêt de frênes

L'Etna en Sicile

Les combats de Zeus

Zeus était bien vivant, encore fallait-il qu'il parvienne à l'âge adulte !

Entre-temps l'Univers s'était peuplé de diverses créatures, issues de Terre, de Nuit, des Titans... C'est la **nymphe** Amalthée qui fut chargée de veiller sur Zeus. Pour commencer, sur les conseils de Gaïa, elle suspendit le bébé dans ses langes aux branches d'un arbre qui poussait au fond de la grotte. Ainsi Zeus n'était ni dans le ciel, ni sur la terre, ni dans la mer. Si jamais Cronos venait à se douter de quelque chose, et qu'il interrogeât les divinités, toutes pourraient, sans mentir, nier qu'il fût ici ou là.

Nymphe : l'une des divinités mineures qui peuplent la nature.

Pour nourrir l'enfant, Amalthée avait amené Chèvre, une bête énorme, au lait assez abondant pour satisfaire la voracité du bébé dieu. Farouche et laide à faire peur, Chèvre était d'une douceur extrême avec son nourrisson, qui ne la récompensait guère : jouant une fois avec elle, d'un geste un peu trop brusque il lui arracha une corne. Tout penaud, il donna cette corne à Amalthée, non sans l'avoir transformée en miraculeuse Corne d'Abondance, qui se remplissait de tous les fruits que la nymphe souhaitait. Bien plus tard, après la mort de Chèvre, Zeus utilisa sa peau pour en faire une armure invincible, l'Égide.

Quant aux cris et aux vagissements de Zeus bébé, il fallait faire beaucoup de bruit pour les couvrir. Terre donna pour cela naissance aux Courètes, des démons tout armés. Ainsi équipés, ils se mirent à chanter et à danser sans fin des danses et des chants guerriers, qu'ils rythmaient en frappant leur bouclier de leur lance. Zeus pouvait crier à sa guise, impossible de l'entendre dans ce tintamarre !

Ainsi grandit l'enfant dieu, espoir de Terre et de Ciel.

Arrivé à l'âge adulte, décidé à combattre Cronos, Zeus alla chercher conseil auprès de Métis, la rusée Intelligence, fille d'Océan. Elle lui donna un vomitif puissant, que Rhéa administra à Cronos. Cronos, pris de spasmes terribles, rejeta d'abord la grosse pierre qu'il avait avalée en place de Zeus, puis successivement deux fils, Poséidon et Hadès, et trois filles, Héra, Déméter et Hestia, la première née. Zeus n'était plus seul pour agir !

Mais contre Cronos, cela ne suffisait pas. Le Titan avait pour alliés ses frères (sauf Océan), tous aussi forts que lui, bien plus puissants que les Cronides, ses enfants. Ils s'étaient installés sur le mont Othrys, et de là lançaient toutes leurs forces dans le combat contre leurs jeunes adversaires.

Face à eux, Zeus n'avait d'abord pour arme que son invincible Égide, et pour alliés, ses frères et sœurs. Puis il enfanta d'autres dieux qui tout naturellement vinrent se joindre à lui. Leur camp avait été établi au sommet de la plus haute montagne de Grèce, le mont Olympe. Pour cette raison tous ces dieux se nommèrent les Olympiens.

D'autres alliés encore vinrent prêter main-forte à Zeus, plutôt inattendus : Prométhée, le plus intelligent des fils du Titan Japet, et Styx l'Océanide, la rivière infernale, qui amenait avec elle ses enfants, Pouvoir et Force. Zeus fit d'eux sa garde personnelle, qui ne devait plus jamais le quitter. En remerciement, il confia à Styx le soin de veiller aux **serments** des dieux. Gare à celui qui se parjurerait ! Il resterait immobilisé tout au fond du Tartare dix années divines – dix longues années, puisque chacune dure mille années humaines…

Serment : fait de promettre, de « jurer par »… le Styx, qui garantit alors que la promesse est bien tenue.

Mais tous ces combattants réussirent tout juste à n'être pas vaincus, pendant les dix ans – dix années divines là encore – que dura le combat.

Zeus se souvint alors qu'il pouvait aussi compter sur l'appui d'Ouranos et de Gaïa. Il alla demander conseil à son aïeule :

– Terre, notre mère à tous, aide-moi ! Toi qui sais tout de toute éternité, tu connais la méchanceté de mon père Cronos : il n'a pas hésité à mutiler son père, à dévorer ses enfants. Il ne recule devant rien. Aide-moi à vaincre ce malfaisant, je t'en prie. Et si je l'emporte sur lui, je te promets de tout faire pour instaurer dans l'Univers le règne de l'ordre et de la justice.

– Je sais que tu tiendras parole, Zeus. Aussi écoute-moi. Prends pour alliés les parents des Titans qui ne combattent pas dans le camp des Titans.

Il ne fallut pas trop longtemps à Zeus pour comprendre de quels « parents » parlait Terre. Au plus profond du

Tartare, dans les entrailles de Gaïa, Cyclopes et Cent-Bras étaient encore enfermés. Zeus les délia de leurs chaînes, et leur promit une alliance éternelle. Pour sceller cette alliance, il leur offrit la nourriture d'immortalité des Olympiens : le nectar et l'ambroisie.

Alors les Cyclopes offrirent aux Cronides des armes précieuses : à Zeus, la foudre, les éclairs et le tonnerre ; à Poséidon, un **trident**, assez puissant pour ébranler la terre ; et à Hadès un casque d'invisibilité. Quant aux Cent-Bras, ils apportèrent la force de leurs membres puissants.

Trident : grand harpon à trois dents.

Le combat redoubla de rage. De son trident, Poséidon

ébranlait la terre, faisant vaciller les Titans sur leur montagne. Coiffé de son casque d'invisibilité, Hadès tournait les positions ennemies pour les attaquer par-derrière. Sous la foudre de Zeus, les montagnes s'écroulaient, les forêts brûlaient. Ce n'était partout que ruine et désolation. La Terre accablée gémissait, la Mer bouleversée mugissait, le Ciel grondait. Puis les Cent-Bras entrèrent en action. Des montagnes écroulées ils arrachèrent des rocs énormes, et les lancèrent – trois cents pierres à chaque jet ! – sur les Titans qui disparurent bientôt sous de gigantesques amoncellements de rochers. Il ne restait plus qu'à les saisir, à les traîner au fin fond du Tartare brumeux et à les y enfermer.

Enclume : lourd bloc de fer sur lequel le forgeron bat le métal qu'il façonne.

Ils sont aussi éloignés dorénavant de la surface de la Terre que le Ciel. Si on lançait une **enclume** du haut du Ciel, elle tomberait durant neuf jours et neuf nuits avant de toucher Terre. Et l'enclume mettrait autant de temps avant de toucher le fond du Tartare, une fois lancée de la Terre. Pour plus de sûreté, Poséidon construisit dans le Tartare, autour des Titans, une immense muraille que gardent toujours les Cent-Bras, reconnaissants envers Zeus qui leur a donné la nourriture d'immortalité.

On aurait pu croire que la paix allait enfin régner, mais non ! Il fallait encore compter avec l'étrange humeur de

Gaïa, qui décidément avait un faible pour les monstres ! Fâchée contre les Cronides qui avaient jeté les Titans – ses enfants – au fond du Tartare, elle excita contre eux ses fils sanguinaires, les Géants à queue de serpent. La lutte fut longue et rude, mais les Olympiens finirent par l'emporter.

Puis, unie au Tartare, Gaïa, toujours elle, fit surgir de ses profondeurs un dernier rejeton, plus grand et plus effrayant encore que tous ceux à qui elle avait donné naissance jusque-là : Typhon. Quand il jaillit de Terre, elle en fut ébranlée dans ses profondeurs ; même les Titans sentirent les murs de leur prison trembler. Il avait un corps aussi grand qu'une montagne, d'où sortaient des membres immenses et noueux et, surtout, pire encore, cent têtes de serpents aux crocs venimeux, d'où jaillissaient en sifflant de fines langues noires. De ces gueules émanait un bruit infernal : dans une terrible cacophonie, on croyait entendre en même temps la voix d'un homme, le mugissement d'un taureau, un chant d'oiseau, le sifflement du vent, le rugissement d'un lion.

Mais Zeus veillait et saisissant aussitôt ses armes, foudre, éclairs et tonnerre, il **darda** son œil flamboyant sur Typhon. Cent éclairs embrasèrent les cent têtes du monstre. Tout autour la Terre prit feu et s'ouvrit jusqu'au Tartare, la Mer se mit à bouillir. Il s'en fallut de peu que l'Univers ne fût entièrement

Darder : diriger, lancer comme un dard ou une flèche.

anéanti. Zeus brandit encore la foudre comme un fouet, et réussit à envoyer son adversaire au fond du Tartare béant.

Avant que celui-ci se referme définitivement sur lui, Typhon eut hélas le temps de donner naissance aux vents mauvais, ceux qui dans la tempête et l'ouragan ravagent Terre et Mer et portent la mort – ne les confondez pas avec ceux qui, comme Zéphyr, gonflent les voiles des marins : ceux-là sont nés des dieux.

Enfin la paix régna sur la Terre, et Zeus et ses frères se partagèrent la royauté de l'Univers. Zeus fut reconnu de tous comme le premier des Olympiens, et le ciel lui fut donné sans partage. Tous désormais honorèrent Zeus Tonnant, Père des dieux et des hommes.

LES PREMIERS TEMPS DU MONDE sont marqués par la lutte entre monstres et dieux, qui est comme une préfiguration de l'avènement d'une civilisation après la barbarie primitive. Les Grecs ont laissé libre cours à leur imagination, et à partir de là, à leur créativité artistique.

Polyphème, le plus célèbre des Cyclopes. Il dévore tout crus les compagnons d'Ulysse. Le héros lui échappera en lui crevant l'œil.

Les monstres
Ils sont caractérisés par le manque d'unité de leur corps : « haut » humain et « bas » de serpent des Géants ; homme à tête de taureau, tel le Minotaure ; lion ailé à tête de femme, tel le Sphinx… La plupart du temps, ces monstres sont de nature mauvaise, et leur étrangeté physique va de pair avec leur violence. Beaucoup sont engendrés par la Terre, ou par la Mer : deux puissances que les hommes ne maîtrisent pas, et qui recèlent en leur sein tous les dangers.

Combat des Géants contre les Olympiens

Les Cyclopes
Ce sont des géants à œil unique. Les premiers sont les fils de Terre et de Ciel, et leurs noms désignent le tonnerre, la foudre et les éclairs. Ces forces naturelles, au service de Zeus, font de lui le dieu du Ciel et le roi des dieux. D'autres sont les aides forgerons d'Héphaïstos.

Arc-en-ciel

Les dieux olympiens
La civilisation est pour les Grecs le règne de l'ordre et de la beauté – même si la cruauté et la monstruosité qui précédaient n'ont pas disparu, mais sont plus ou moins maîtrisées. Les Olympiens sont beaux et bien proportionnés.

Zeus
Dieu du Ciel et des Phénomènes atmosphériques, il a pour emblème l'aigle, et pour messagère Iris, déesse dont l'écharpe forme l'arc-en-ciel.

“Enfin la paix régna sur la Terre, et Zeus et ses frères se partagèrent la royauté de l'Univers.”

Aigle

Assemblée des dieux

Prométhée et les Hommes

Aux premiers temps des dieux, alors que régnait encore Cronos, des hommes étaient nés, on ne sait comment ni de qui. De la Terre sans doute, cette mère universelle. Peu de choses les différenciaient des dieux. Comme eux, ils vivaient toujours jeunes, sans connaître ni faim ni douleur ni maladie, à l'abri de la fatigue et de la misère. Le sol était fécond et leur apportait tous ses fruits sans qu'il fût nécessaire de travailler. Aussi leur vie se passait-elle en banquets et en fêtes, en compagnie des dieux. Mais ils étaient mortels. C'est d'ailleurs ainsi qu'on nomme les hommes, « mortels », car c'est bien ce qui les différencie des dieux – les Immortels. Toutefois cette mort était douce : ils s'endormaient un jour, quand ils avaient assez vécu, et s'éteignaient tranquillement. On appela cette première race humaine la race d'or, et le temps où elle régnait l'âge d'or.

Cette race disparut avec le règne de Cronos. Elle fut suivie d'autres, de moins en moins sages, de moins en moins heureuses : races d'argent, de bronze, de fer.

Sacrifice : offrande à un dieu d'un animal que l'on tue en son honneur.

Vint un temps où les hommes se rebellèrent contre les dieux. Ils trouvaient exagérés les **sacrifices** que ceux-ci attendaient d'eux, et refusaient de se soumettre. Les dieux irrités étaient prêts à les punir durement. C'est Prométhée, le fils du Titan Japet, qui fut choisi pour arbitrer ce différend. Or son cœur était touché par la faiblesse des humains. Il proposa que, dorénavant, les parts des dieux et des hommes soient clairement définies, tandis que les deux camps s'engageaient sous serment à respecter le choix que ferait Zeus.

Pour cela, le fils de Japet sacrifia un bœuf, dont il fit deux lots. D'un côté, il entassa les os qu'il recouvrit de la belle graisse toute blanche. De l'autre, il cacha toute la viande sous la panse du bœuf, si répugnante à voir. Il demanda alors à Zeus Très-Haut de choisir parmi ces deux parts celle qui reviendrait aux dieux. Zeus avait peut-être deviné la ruse de Prométhée, mais il ne fit semblant de rien, et choisit la part la plus appétissante. Or quand il eut soulevé la graisse et que le tas d'os sans viande apparut, il entra dans une violente colère. Désormais en effet, les dieux doivent se contenter de cette part : les os et la graisse des animaux sacrifiés sont brûlés sur l'autel, et montent jusqu'à eux en fumée. Les hommes gardent pour eux la bonne chair nourrissante, qu'ils font cuire et qu'ils mangent.

Zeus donc était furieux contre le fils de Japet, et contre les hommes. En représailles, il cessa d'enflammer les arbres avec sa foudre, réduisant les mortels à une vie misérable : plus de feu pour cuire la viande et le pain, pour se préserver du froid et de l'obscurité. Mais Prométhée ne se résignait pas à abandonner ses protégés. S'approchant en cachette de la foudre céleste, il s'empara d'une étincelle qu'il recueillit dans une tige creuse, et rendit ainsi le feu aux hommes.

Quand Zeus vit à nouveau briller sur terre la lueur des foyers, il s'irrita davantage encore. Qu'inventer pour se venger de ces chétifs humains ?

Il convoqua tous les dieux de l'Olympe, et demanda à Héphaïstos, le dieu artisan, de modeler avec un peu de terre mouillée un être humain, mais plein des grâces des déesses : une femme ! Athéna la vêtit d'une tunique brodée et la para de bijoux précieux tandis qu'Aphrodite versait sur elle beauté et séduction. Hermès enfin, le messager de Zeus, mit en sa bouche une voix douce, et le mensonge en son cœur. On la nomma **Pandore**, et d'elle est née la race des femmes.

Pandore : en grec, « [qui a] tous les dons », ou « [qui a reçu] des cadeaux de tous ».

Hermès, sur l'ordre de Zeus, l'amena alors à Épiméthée, le frère de Prométhée. Son frère,

mais tellement moins malin que lui ! Sans réfléchir aux avertissements de Prométhée, qui savait bien que rien de bon ne pouvait leur venir des Olympiens, Épiméthée, ébloui par la belle Pandore et fou d'amour, l'épousa. Or elle apportait avec elle, en cadeau de noces, une belle boîte ciselée. Prométhée, comme ce cadeau venait des dieux, interdit à son frère de l'ouvrir. Mais c'était compter sans Pandore ! À peine Épiméthée avait-il tourné le dos qu'elle saisit la boîte, la tourna et la retourna, sans d'abord oser l'ouvrir. La portant à son oreille, elle entendit des voix étouffées, comme si on lui parlait. Brûlant de curiosité, elle se rassura petit à petit, persuadée qu'Épimé-

thée n'en saurait rien (c'était la seule chose qu'elle craignait), et elle entrouvrit la boîte. Que n'avait-elle pas fait là ! Les voix qu'elle entendait étaient celles des peines et des malheurs ! Maladies, chagrins, douleurs, crimes, tous ensemble s'envolèrent de la boîte. Pandore, effrayée, la referma vite, mais trop tard ! Déjà le malheur s'était répandu sur la terre parmi les hommes, et partout on n'entendait que soupirs et pleurs. Pandore avait beau regretter son geste, elle n'y pouvait plus rien. Mais... mais... qu'y avait-il encore ? Une toute petite voix gémissait à l'intérieur de la boîte. Pandore, jugeant qu'il n'y avait plus rien à perdre, finit par l'ouvrir à nouveau. Et

elle eut bien raison ! Car c'était l'espérance qui était encore enfermée là. Une fois libérée, elle parcourut la terre, apportant aux hommes la seule consolation à tous leurs maux : l'espoir...

Voici quelle fut la vengeance de Zeus contre les hommes. Sa vengeance contre Prométhée ne fut pas moins cruelle. Il le condamna à être éternellement enchaîné sur un mont du Caucase. Là, un aigle devait venir chaque jour lui dévorer le foie, qui renaissait chaque nuit. Longtemps, longtemps Prométhée subit cette atroce torture.

Heureusement, un jour, Héraclès passait par le Caucase pour accomplir un de ses **douze Travaux**. Il vola au secours du malheureux Titan, transperça l'aigle d'une flèche et rompit ses chaînes. Zeus accepta la délivrance de Prométhée, à condition de ne pas avoir à revenir sur sa condamnation (il avait juré par le Styx). Prométhée, dans sa grande malice, trouva le **subterfuge** suivant : il porte désormais au doigt, en guise de bague, une pierre du Caucase attachée à un maillon de sa chaîne.

Bien après cela (Prométhée et Épiméthée avaient déjà des enfants), la violence des humains et leur **impiété** devinrent telles que Zeus décida, avec l'accord des autres dieux, de les supprimer

Douze Travaux : épreuves imposées à Héraclès, plus connu sous son nom latin, Hercule.
Subterfuge : ruse, détour habile pour échapper à une situation embarrassante.
Impiété : manque de piété, de respect pour les dieux.

totalement. Il pensa d'abord utiliser le feu de sa foudre et en balayer la surface de la terre, mais il eut peur qu'un incendie de cette ampleur embrase l'air et tout l'Univers. Il envoya alors une pluie d'orage, un déluge qui recouvrit complètement les plaines et les monts.

Prométhée, qui savait prévoir l'avenir, prévint son fils Deucalion, qui vivait sur la terre, de l'arrivée du déluge, et lui conseilla de se mettre momentanément à l'abri, avec sa femme Pyrrha – fille d'Épiméthée et de Pandore. Deucalion confectionna un grand coffre, dans lequel tous deux s'enfermèrent, le temps du déluge. Le coffre vogua neuf jours et neuf nuits sur les flots. Le dixième jour, voyant que tous les humains avaient disparu, Zeus fit cesser la pluie. Quand les flots se retirèrent, le coffre toucha terre sur le mont Parnasse. Les deux époux sortirent de leur abri, et se lamentèrent en voyant la désolation qui régnait alentour.

– Sommes-nous désormais les seuls êtres vivants ici-bas ? Qu'allons-nous devenir, mon cher Deucalion ?

Zeus entendit Pyrrha et son époux, et leur promit d'exaucer leur vœu le plus cher.

– Je veux des compagnons, demanda le fils de Prométhée.

– Jetez par-dessus votre épaule les os de votre mère, répondit Zeus, et vous serez exaucés.

Les deux malheureux se regardèrent, effrayés à l'idée

d'une telle impiété. Jusqu'à ce que Deucalion s'exclame :

– Notre mère, c'est la Terre ! Et ses os, ce sont les pierres !

Il entreprit de ramasser des cailloux, qu'il jeta l'un après l'autre derrière son dos. Au contact de la terre humide, chaque caillou s'amollissait, puis grandissait jusqu'à prendre la taille et l'allure d'un homme. Voyant cela, Pyrrha en fit autant. Des pierres qu'elle semait naissaient des femmes, tandis que Deucalion faisait lever des hommes.

Ainsi est née la dernière race humaine, la nôtre.

Hommes et dieux sont considérés comme fondamentalement différents, et les rapports entre eux sont rigoureusement codifiés. La vie des hommes dépend des dieux et donc des gestes à faire pour se concilier leurs bonnes grâces. La religion grecque est plus sociale que personnelle : il n'est guère question de foi ou de conscience individuelle, mais plutôt de rituels à suivre.

Vue de l'Acropole d'Athènes

Sacrifice d'un porc

Marteau de sacrifice

Le sacrifice sanglant
Dû à Prométhée, le sacrifice sanglant est l'acte central de la religion grecque. Il consiste à mettre à mort un animal et à le partager entre le dieu et les hommes. L'animal (domestique et sans défaut) est choisi selon le dieu à qui il est destiné. D'abord assommé avec un marteau ou une hache, il est égorgé devant l'autel, la tête levée vers le ciel – pour un dieu du ciel, ou baissée vers la terre – pour une divinité infernale ou un mort.

L'Acropole
Un sanctuaire est un domaine consacré à un dieu. À Athènes, sur l'Acropole, le temple principal est le Parthénon (consacré à Athéna Vierge). Divers édifices l'entourent, dédiés encore à la déesse, ou à d'autres dieux ou héros.

Les offrandes
On offre aussi aux dieux des fruits, des graines, des gâteaux. L'offrande d'un liquide que l'on verse à terre, sur l'autel ou sur la victime du sacrifice est une libation. Comme toute offrande, elle s'accompagne de prières.

« Les hommes trouvaient exagérés les sacrifices que les dieux attendaient d'eux, et refusaient de se soumettre. »

Libation

Scène de sacrifice

Le partage
Après dépeçage et découpage, os et graisse sont jetés au feu et arrosés d'une libation de vin : la fumée est la part des dieux. La viande est cuite en partie sur de longues broches, en partie dans un chaudron, puis distribuée pour être mangée par les participants.

Les amours de Zeus

Régler l'ordre du monde n'empêchait pas Zeus de penser à l'amour. Il choisit d'abord de s'unir à l'Océanide Métis, la rusée Intelligence, qui fut rapidement enceinte. Instruit par l'exemple de son père et de son aïeul, Zeus ne tenait pas à perdre un pouvoir si chèrement acquis. Ne devait-il pas se méfier, lui aussi, d'un fils à venir ? Il interrogea sur ce point son aïeule la Terre, qui sait tout de toute éternité.

– Certes, lui répondit-elle, si un fils te naît de Métis, il te détrônera.

Comment faire alors pour échapper à la menace du destin ? Zeus imita son père Cronos, sauf que lui avala… son épouse. Depuis ce jour, il possède en lui Métis tout entière : prudence, sagesse, intelligence. Grâce à cela, il règne sans erreur sur les dieux et les hommes. L'enfant que Métis portait en son sein grandit en Zeus, et c'est lui qui la mit au monde : Athéna, la grande déesse, sa fille préférée.

Après Métis, Zeus s'unit à une Titane, Thémis – la Loi divine. De leur union naquirent les trois Moires, qui veillent sur le destin de chacun – elles sont le Destin. Elles distribuent bonheur et malheur, et déroulent le fil de chaque vie humaine : la première le file, la seconde le dévide, la troisième le coupe – et c'est la mort. Zeus accepte toujours leur décision, même quand celui qui doit mourir lui est cher. Sinon il renverserait l'ordre établi.

En troisième lieu, Zeus épousa sa sœur Héra. Elle devint maîtresse de l'Olympe, comme Zeus en était le maître. Leurs noces furent magnifiques.

Les enfants d'Héra et de Zeus furent Arès et Héphaïstos, Ilithye et Hébé. Hébé, la Jeunesse, offre aux Olympiens le nectar qu'elle a versé dans des coupes d'or. Ilithye, elle, est aux côtés d'Héra pour aider les femmes à mettre au monde leurs enfants. En effet, c'est à Héra principalement que revient la fonction de protéger les femmes et les épouses, de présider aux mariages et aux accouchements.

Et pourtant, Héra est une épouse bien malheureuse ! Zeus, même dûment marié, continua à séduire déesses, nymphes ou femmes : toutes lui plaisaient. Et ce débordement d'activité amoureuse rendait Héra de plus en plus jalouse et amère. Elle ne cessait d'épier son **volage** époux, pour découvrir quelle nouvelle femme ou déesse avait encore ravi son cœur, quel nouvel enfant était né de lui. Et quand elle avait trouvé, ne pouvant punir son redoutable compagnon, elle se vengeait avec méchanceté, cruauté même, sur ses amantes – surtout quand il s'agissait de mortelles !

Volage : infidèle, inconstant.

La première des femmes qu'il aima fut la princesse Io, fille d'un Océanide et prêtresse d'Héra à Argos. Comme la déesse se doutait de quelque chose, Zeus, pour protéger son amante, la transforma en une génisse à la robe blanche immaculée. Il put alors sans mentir jurer à son épouse qu'il n'avait jamais aimé cet animal ! Mais Héra exigea que la belle génisse lui fût consacrée – et la fit étroitement surveiller par Argos aux Cent-Yeux, un gardien exceptionnel. Il ne fermait jamais plus de cinquante yeux en même temps, et en gardait toujours cinquante ouverts. Or Zeus voulait pouvoir approcher son amante. Il chargea Hermès de tuer le terrible gardien. Le dieu malin réussit à endormir complètement Argos en jouant de la flûte de Pan. Il l'acheva ensuite avec une grosse pierre, et le Père des dieux put aimer la blanche Io en toute liberté. Héra, triste et furieuse à la fois, commença par rendre hommage à Argos, le gardien qui l'avait fidèlement servie. Elle prit

ses cent yeux et en décora le plumage du paon, qui est son oiseau favori. Puis elle envoya à Io un taon infatigable, une terrible mouche chargée de la piquer jusqu'au sang, tachant de rouge sa belle robe blanche. Io, que la douleur rendait folle, s'enfuit au galop, traversant les terres, traversant les mers. Elle quitta le Péloponnèse, la Grèce et longea les rives qui portent son nom : celles de la mer Ionienne. Puis elle franchit d'un bond le détroit qui sépare l'Europe de l'Asie, qu'on nomme depuis le Bosphore – le « passage de la vache ». Après avoir galopé longtemps, longtemps à travers l'Asie, elle trouva refuge en Égypte, où

elle s'arrêta enfin. Là elle mit au monde le fils de Zeus, Épaphos, qu'elle portait dans ses flancs depuis tout ce temps, et qui fut père d'une glorieuse descendance.

Zeus avait compris la leçon. Désormais, pour échapper à l'œil de sa furie d'épouse, il prit l'habitude de se déguiser pour approcher les femmes qu'il voulait séduire.

C'est ainsi qu'il prit l'apparence d'un superbe taureau pour approcher la jeune Europe, princesse de Sidon en Phénicie, et descendante d'Io. Alors qu'elle se baignait

avec ses servantes, à la plage, il s'avança lentement, doucement vers elle, inclina respectueusement son mufle puissant et ses grandes cornes en forme de croissant de lune, puis s'agenouilla devant elle. D'abord effrayée, la jeune fille se rassura vite, et bientôt se mit à le caresser, à jouer avec lui. Mais quand elle fut grimpée sur son dos, Zeus se releva, et l'emporta au galop vers la haute mer. Europe, cramponnée aux cornes du taureau, eut beau crier, pleurer, le dieu volait presque sur les flots paisibles et miroitants. Peu à peu émerveillée par ce voyage inouï, elle était séduite en arrivant avec lui dans l'île de Crète, où ils s'aimèrent en toute quiétude. Elle y mit au monde trois fils : Minos, Rhadamante et Sarpédon. Les premiers furent, bien plus tard, juges aux Enfers, et le troisième combattit sous Troie – où il mourut. Quant au taureau dont Zeus avait emprunté la forme, pour le remercier il fixa sa dépouille à la voûte céleste, et en fit l'une des **constellations**.

Constellation : ensemble d'étoiles groupées de façon reconnaissable.

C'est sous la forme d'un cygne blanc de neige que Zeus connut la reine Léda – qui pondit ensuite deux très grands œufs. Deux garçons, deux filles naquirent de chaque œuf. Mais Tyndare, son époux, avait aimé Léda le même jour que Zeus. C'était lui le père de Castor et de Clytemnestre, seuls Hélène et Pollux étaient enfants de Zeus. Hélène, la plus belle des femmes, fut à l'origine de la guerre de Troie, qui causa la mort de tant de héros grecs. Clytemnestre, elle, souffrit et fit souffrir bien des maux à ses proches. Quant aux jumeaux, les Dioscures – les « fils de Zeus » –, ils s'aimaient tant que Zeus ne put se résoudre à les séparer et fit d'eux, à la mort de Castor, une constellation qui brille au ciel éternellement, celle des Gémeaux.

Rien n'était impossible à Zeus. Pour Danaé, il se changea même en pluie d'or ! Cette princesse était enfermée dans une chambre inaccessible, faite du bronze le plus solide. Pourquoi ? Toujours pour la même raison : un **oracle** avait prédit à son père, Acrisios, roi d'Argos, que le fils qui naîtrait de sa fille le tuerait. C'est pourquoi il ne voulait surtout pas qu'un homme vienne à l'aimer ! Et vraiment, un homme ne pouvait rien faire contre cette prison. Mais un dieu ? Danaé était si belle que Zeus ne résista pas à la tentation. Il repéra une fente minuscule dans le toit de bronze, se changea en pluie d'or, et s'infiltra jusqu'au cœur de Danaé. Persée, le fils qui naquit de cette union, dut affronter bien des dangers, ne serait-ce que pour survivre. Mais Zeus veillait, et le jeune homme connut une destinée glorieuse.

C'est sous un déguisement surprenant que Zeus aima la future mère du plus grand des **héros**,

Oracle : parole divine qui révèle l'avenir ou la volonté des dieux.
Héros : personnage mythique, demi-dieu né d'un dieu et d'une mortelle (plus rarement d'une déesse et d'un mortel). Puis, personnage doué de qualités exceptionnelles.

Héraclès. Descendante de Persée, elle se nommait Alcmène, et était parfaitement fidèle à son mari, Amphitryon. Comment la séduire, puisqu'elle ne laissait personne l'approcher ? Il n'y avait qu'une solution : prendre l'apparence du seul être qu'elle acceptât près d'elle, celle de son époux ! Et c'est ainsi que pour tromper un homme, Zeus, tout puissant qu'il fût, se vit obligé de s'envelopper de la forme de cet homme...

Est-ce pour cela qu'Héraclès fut si cher à Zeus ? En tout cas, il fut violemment haï d'Héra, qui lui imposa des épreuves toutes plus terribles les unes que les autres, et le tourmenta au point de le rendre fou. Aucun héros ne fut plus malheureux qu'**Héraclès**. Mais après sa mort, il fut accueilli parmi les dieux sur l'Olympe, où il épousa Hébé, la fille de Zeus et d'Héra.

Héraclès : en grec, « la Gloire d'Héra », sans doute parce que les épreuves infligées par Héra à un enfant de Zeus témoignent de sa puissance.

Zeus eut bien d'autres rejetons encore parmi les mortels, comment les citer tous ?

Mais il en est qu'on ne peut ignorer, ce sont ses filles et ses fils divins, presque aussi glorieux et puissants que leur père.

ZEUS EST DE TOUS LES DIEUX le plus puissant, même dans le domaine amoureux. Ses amours, et les métamorphoses qui les accompagnent souvent, ont, depuis l'Antiquité jusqu'à nos jours, inspiré les artistes et enchanté auditeurs, lecteurs ou spectateurs.

Europe et Zeus métamorphosé en taureau

Hermès tue Argos. Les cent yeux d'Argos sont répartis sur l'ensemble de son corps.

L'enlèvement d'Europe
Europe, qui porte le nom de notre continent, est une princesse phénicienne (Liban actuel), et la mère du premier roi de Crète. Depuis l'Antiquité, on se demande si sa légende ne refléterait pas de vieilles migrations.

Naissance d'Hélène

Argos
Comment représenter les cent yeux d'Argos, l'illustre gardien d'Io ? Difficile de les faire tous figurer sur le visage ! Quant à son nom, sous sa forme latine d'Argus, il désigne aujourd'hui un surveillant sévère, difficile à tromper.

Hélène, fille du Cygne
Cette sculpture ne manque pas d'ironie, qui nous montre celle qui allait devenir « la belle Hélène » alors qu'elle sort de l'œuf déposé là par Zeus, selon certains, ou pondu par Léda. Comment la reconnaître dans ce visage à peine ébauché, aux yeux entrouverts comme ceux d'un poussin tout juste éclos ?

L'aigle de Zeus
Zeus s'est aussi transformé en aigle, son animal emblématique, pour enlever Thalie, et surtout Ganymède. Ce jeune Troyen était si beau, que Zeus en tomba amoureux au point de le garder près de lui sur l'Olympe. Il devint son échanson, celui qui verse à boire – à la place d'Hébé, devenue l'épouse d'Héraclès.

Thalie emportée par Zeus transformé en aigle

« Régler l'ordre du monde n'empêchait pas Zeus de penser à l'amour. »

Zeus et Héra

Zeus et Héra
Dans les récits mythologiques, Héra est souvent caricaturée, épouse jalouse et acariâtre par excellence. Mais dans la religion, elle joue un rôle bien plus sérieux. On la voit ici dans la chambre nuptiale : elle se dévoile devant son époux, image de toute femme grecque au moment capital de sa vie. Zeus n'est pas seulement le dieu du Ciel et de la Foudre, il est aussi le garant de l'ordre et de la justice : il veille aux serments, à la purification des meurtriers, protège hôtes et mendiants.

Athéna et les fils d'Héra

Difficile d'imaginer deux frères plus différents qu'Arès et Héphaïstos.

Le premier est beau et plein de prestance. Héritier de la puissance de Zeus, son père, et de la rage d'Héra, sa mère (quand elle apprend que Zeus l'a encore trompée !), Arès est le redoutable dieu de la Guerre. Quand il s'empare de l'esprit et du cœur des humains, il leur donne bien sûr courage et ardeur de vaincre, mais aussi fureur meurtrière et goût du carnage. C'est un dieu violent, sans mesure, assoiffé de sang. Les hommes le craignent autant qu'ils l'honorent.

À côté de lui, Héphaïstos fait piètre figure ! Alors qu'Arès vole sur le champ de bataille avec les plus nobles guerriers, son frère reste confiné dans des travaux qui manquent de prestige : c'est lui le dieu de la Forge, qui manie de lourds instruments. Au point que des ragots courent sur l'Olympe, et que certains doutent qu'il soit fils de Zeus ! Il pourrait avoir été enfanté par Héra seule, sans l'intervention d'aucun dieu ni mortel...

En tout cas, même si c'est bien le roi des cieux qui l'a engendré, il n'a pas été tendre avec son fils ! Un jour que Zeus se disputait avec Héra (une fois de plus – sans doute au sujet d'Héraclès...), Héphaïstos eut la malencontreuse idée de vouloir intervenir. Tous les Immortels le savent bien pourtant : quand Zeus est en colère, mieux vaut ne pas l'approcher, c'est le dieu du Tonnerre et de la Foudre !... Mais Héphaïstos, voulant protéger sa mère, en oublia toute prudence. Zeus, trop heureux sans doute de pouvoir se laisser aller à sa fureur (il n'ose pas trop avec Héra), l'attrapa par le pied et se débarrassa de lui sans ménagement, le lançant au loin comme un athlète lancerait le disque. L'élan fut tel qu'Héphaïstos tomba du haut de l'Olympe. Sa chute dura un jour entier. Ce n'est pas avant le soir qu'il « atterrit » violemment dans l'île de Lemnos. La population de l'île le ranima et le soigna, mais le dieu resta définitivement boiteux.

Depuis, Héphaïstos passe la majeure partie du temps dans sa forge. Il est le maître du feu, et tous les outils, même les plus massifs – marteau, hache, enclume – lui sont familiers. Il a quelque chose de monstrueux, quand on le voit **claudiquer** dans l'ombre, le visage violemment éclairé par les hautes flammes. Ses

Claudiquer : boiter.

aides sont des Cyclopes, et il travaille avec eux au centre de l'Etna, le volcan sicilien – plus près des entrailles de la terre que du ciel.

Le dieu boiteux n'a pas seulement la malchance d'être disgracieux, il a aussi celle d'être un mari trompé. Zeus, peut-être pour se faire pardonner son geste de colère, et le tort qu'il avait causé à son fils, voulut l'honorer en lui offrant pour épouse la plus merveilleuse des déesses, l'éblouissante Aphrodite. Mais Aphrodite est aussi volage que belle… Si bien qu'Héphaïstos, dans les grands banquets qui réunissent les Olympiens, est souvent l'objet de leurs moqueries. Les dieux sont sans pitié, même entre eux !

Il n'empêche que ses travaux sont d'une beauté incomparable, et de la plus grande finesse. Or, bronze, argent n'ont aucun secret pour lui : il sait en faire des bijoux exquis ou des objets merveilleux, des mécanismes compliqués, des pièges redoutables. Il sait même le secret de donner vie et mouvement à la matière. Si bien que malgré tout, les dieux – et Zeus le premier – ont souvent recours à lui.

Arès et Héphaïstos, alors qu'ils sont si différents, ont même rivale : Athéna. Aussi fière qu'Arès, aussi habile qu'Héphaïstos, la fille de Zeus l'emporte souvent sur ses deux frères. N'est-elle pas née de l'Intelligence, et la préférée de son père ?

Elle avait grandi en Zeus, après qu'il eut avalé Métis. Et c'est lui qui « accoucha » de la déesse. Curieux accouchement, en vérité ! Un beau jour, le dieu eut un violent mal de tête. Il sut que le moment de la délivrance était arrivé. Il appela au secours Héphaïstos et lui ordonna de lui fendre le crâne d'un grand coup de hache. La déesse jaillit alors majestueuse du crâne divin, en poussant un grand cri de guerre, qui retentit à travers le ciel et la terre ! Elle était déjà tout armée : casque, lance, égide, prête au combat. C'était la vierge Athéna, que rien ni personne n'effraie, pas même Arès ou Héra. Heureusement, car c'était au temps de la lutte des dieux contre les Géants, et son courage et ses armes firent d'elle une alliée précieuse pour Zeus.

Au contraire d'Arès, qui aime la force brute et ne réfléchit pas toujours, Athéna, en digne fille de Métis, mène comme lui les guerriers, mais leur donne prudence et réflexion. Elle sut protéger efficacement ses favoris, Héraclès ou Persée, les fameux héros nés de Zeus, ou encore certains des guerriers grecs qui combattirent sous les murs de Troie. Tous lui en furent reconnaissants.

Ainsi Persée devait couper la tête de Méduse, cette monstrueuse Gorgone qui avait le terrible pouvoir de changer en pierre celui qui croisait son regard. Athéna l'aida dans cette épreuve, en lui permettant de trancher la tête du monstre sans le regarder directement, mais dans le miroir de son bouclier bien poli. À la fin de ses travaux,

Persée vint rapporter à Athéna la terrible tête, qui avait conservé son pouvoir. La déesse la fixa sur son égide et depuis, tout ennemi qui la regarde est aussitôt pétrifié.

Quant à Héraclès, il lui fit présent des pommes d'or du jardin des Hespérides. Au prix de mille dangers, il avait rapporté ces fruits précieux de l'extrême occident, des bords du fleuve Océan. C'était l'un des douze fameux Travaux que lui avait imposés son cousin, le roi Eurysthée (ainsi en avait décidé Héra). Toutefois, comme Eurysthée ne savait pas quoi faire des fruits d'or, il les rendit au héros, qui les offrit en hommage à Athéna, sa protectrice.

Athéna n'est pas seulement la déesse des Combats. Elle rivalise avec Héphaïstos pour l'habileté : elle lui laisse les

lourds travaux masculins, et se plaît aux ouvrages féminins, où elle excelle. Toutes les femmes, fileuses, tisseuses, brodeuses, la vénèrent comme leur patronne et protectrice. Mais gare à celle qui ne lui rend pas les honneurs auxquels elle a droit !

Voici ce qui arriva à la jeune Arachné, si habile qu'elle passait pour avoir été l'élève d'Athéna. La réputation de ses tapisseries était telle qu'elle en fut enivrée, et qu'elle défia la déesse. Athéna, déguisée en vieille femme toute ridée, vint lui rendre visite et lui conseilla un peu de modestie. La jeune fille repoussa ses conseils, et même l'insulta. Athéna, irritée, accepta alors de concourir contre elle. Arachné réussit une merveilleuse tapisserie, ce qui eut pour seul résultat d'exaspérer davantage encore la déesse, qui mit son ouvrage en pièces. Désespérée, la jeune fille se pendit, mais ne mourut pas : la déesse voulait un châtiment éternel pour celle qui avait osé la défier. Aussi la changea-t-elle en araignée, toujours suspendue à son fil, condamnée à le dévider éternellement.

Telle est la cruauté des dieux quand on les provoque. Ils sont sans pitié, plus encore pour les mortels !

LES ACTIVITÉS ARTISANALES sont nettement compartimentées : aux hommes les techniques et l'art d'Héphaïstos, aux femmes la finesse des travaux d'Athéna. Toutefois, les qualifications et les attributions de cette déesse débordent largement ce cadre primaire.

Athéna est souvent représentée en armes. Mais, ici, sa lourde robe lui interdit l'action, et elle a l'air pensif.

Les armes du guerrier grec

L'armement
Faites de tissu, de cuir et de métal décorés, les pièces de l'armement sont l'œuvre d'artisans qui sont aussi des artistes.

Chouette transformée en Athéna

Athéna
Son animal emblématique est la chouette, qui voit clair la nuit. C'est qu'Athéna est aussi déesse de la Raison, et patronne des philosophes.
C'est particulièrement vrai à Athènes, centre intellectuel de la Grèce classique. Déesse de l'ingéniosité, elle invente le char de guerre, et préside à la construction du navire de Jason, l'*Argo*.

Le travail des femmes
Les femmes sortent très peu de la maison. C'est à elles que sont dévolues les tâches domestiques, parmi lesquelles le filage et le tissage. Les étoffes et les vêtements sont confectionnés à la maison. Seuls les plus précieux font l'objet de commerce.

Femmes travaillant la laine

« Héphaïstos est le maître du feu, et tous les outils, même les plus massifs, lui sont familiers. »

Le travail du métal
Les Grecs travaillent le bronze (alliage de cuivre et d'étain) depuis le IIe millénaire et le fer depuis 1000 av. J.-C. Le forgeron a un travail pénible ; mais il donne forme à des objets prestigieux (armes ou statues), et fait œuvre créatrice, donc noble.

Fonderie

Aphrodite et la guerre de Troie

Les déesses sont aussi redoutables que les dieux : il faut leur obéir et les respecter. Si Héra et Athéna peuvent être terribles, la belle Aphrodite l'est aussi, mais à sa manière.

Née de l'écume et de l'onde, elle apprécie la douceur des îles de Chypre et de Cythère. Mais elle parcourt tout l'Univers. Partout l'escortent le Désir, les Grâces et **les Heures**, et l'amour naît sur ses pas au cœur des dieux et des hommes. Partout le trouble, l'émoi, le cœur battant, les joues en feu. Telle est la puissance d'Aphrodite. Et gare à celui ou celle qui refuse de sacrifier sur son autel !

Les Heures : déesses des Saisons.

Phèdre peut en témoigner, elle qui fut l'instrument de la cruelle vengeance de la déesse. Son époux, le roi Thésée, avait un fils qui ne pensait qu'à courir le gibier à travers bois et plaines. Il vénérait Artémis chasseresse, la déesse vierge. Furieuse d'être dédaignée par le jeune Hippolyte, Aphrodite imagina pour se venger une terrible machination, où Phèdre tenait le rôle principal. Elle fit naître au cœur de la reine un amour interdit, pour son beau-fils ! Après bien des tourments, celle-ci finit par déclarer sa terrible passion, mais fut repoussée avec horreur par le jeune homme. Alors, elle l'accusa devant son mari d'avoir voulu la violer, et Thésée appela la mort sur son fils. La fin d'Hippolyte fut atroce, assez pour réjouir la déesse. Phèdre se donna la mort ensuite. Et alors ? Aphrodite ne s'en émut pas... Les douleurs humaines comptent peu aux yeux des dieux.

Cependant les hommes peuvent charmer Aphrodite, s'ils sont beaux. Elle eut des amants mortels. D'abord le bel Adonis, qu'elle dut partager avec Proserpine qui avait élevé le jeune homme : un tiers de l'année sous terre chez la reine des Enfers, deux tiers en compagnie de la déesse de la Beauté. Mais le jeune homme fut un jour mortellement blessé par un sanglier. Quel dieu, jaloux de cet amour, suscita le sanglier ? Artémis ou Arès ? Nul ne le sait... Aphrodite accourut en larmes près de son amant, et les roses qui poussent ordinairement sur son passage se teignirent du sang d'Adonis. C'est ainsi que naquirent les roses rouges.

L'autre homme qu'aima Aphrodite fut le Troyen Anchise, qui engendra Énée, le fils qu'elle guida et protégea toute sa vie. De lui devait renaître une **nouvelle Troie**.

Nouvelle Troie : selon les Romains, Énée serait l'ancêtre des fondateurs de Rome. C'est le sujet de l'*Énéide* de Virgile.

Enfin, l'amant aimé entre tous, ce fut un dieu. Non pas Héphaïstos, le mari qu'Aphrodite ridiculisait sans pitié, mais Arès, le fougueux Arès, le sanguinaire dieu des Combats. Ces amours ne furent pas de tout repos : il fallut compter avec la jalousie d'Héphaïstos, quand le Soleil lui apprit la liaison des deux amants qu'il avait surpris ensemble un matin. Le dieu boiteux, amer, décida de se venger : il confectionna un filet d'or aux mailles indestructibles, le lança sur leur lit. C'est en vain que les deux traîtres se débattirent ! Nul autre qu'Héphaïstos ne pouvait les délivrer. Mais avant cela, il invita tous les Olympiens à venir contempler les trompeurs attrapés. Tous accoururent, et rirent beaucoup. Mais de qui se moquaient-ils ? Du gibier pris au piège ? Ou du chasseur trompé ? Quand finalement Héphaïstos laissa partir les deux amants, chacun s'enfuit à un bout de la terre, et courut y cacher sa honte pendant quelque temps...

Ces amours durèrent longtemps, et d'Arès Aphrodite eut de nombreux enfants : **Éros**, **Phobos**, et enfin Harmonie, qui devint plus tard reine de Thèbes.

Pas étonnant, si Aphrodite aime tant la guerre, qu'elle ait été à l'origine de la guerre la plus meurtrière des **temps héroïques**, celle où s'illustrèrent les plus grands combattants : la guerre de Troie. Elle fut à son origine, mais pas seule.

Éros et Phobos : Amour et Crainte divinisés.
Temps héroïques : époque mythique où vivaient les héros ou demi-dieux.

Éris : la Discorde.

En fait, la première responsable de cette guerre fut la déesse **Éris**. Ni les dieux ni les hommes ne l'aiment. Partout où elle va naissent aussitôt disputes et querelles, et chacun cherche à l'éviter. C'est ainsi que les Olympiens « oublièrent » de l'inviter aux noces de Thétis. Pour se venger de cet oubli, Éris lança au milieu des dieux assemblés une pomme d'or sur laquelle était gravé : « À la plus belle ». Inutile de décrire la pagaille qui s'ensuivit. Chaque déesse cherchait à s'emparer de la fameuse pomme, à coups de pied, de poing, de griffes et de dents, de cheveux arrachés. Tout était bon. Zeus Tonnant intervint, et réussit à peu près à rétablir le calme, renvoyant

chaque déesse sur son trône. Mais devant les trois dernières, il recula. Comment choisir entre Héra, sa jalouse épouse, Athéna, sa fille chérie, et la belle Aphrodite ?

Prudent, Zeus envoya son messager Hermès sur terre, choisir un arbitre parmi les hommes. C'est à Pâris, fils de Priam le roi de Troie, qu'échut ce redoutable honneur. Hermès mena les trois déesses sur un char ailé jusqu'au mont Ida de **Troade**, où Pâris vivait comme un simple berger. Il confia au jeune homme la pomme d'or, et le laissa faire son choix. L'une après l'autre, Héra, Athéna et Aphrodite descendirent du char et chacune promit à Pâris un cadeau fabuleux s'il lui

Troade : région de Troie.

donnait la pomme. Il hésita devant les deux premières, belles et majestueuses. L'une promettait l'empire de l'Asie et de l'Europe, l'autre l'invincibilité dans toutes les guerres qu'il mènerait. Mais Aphrodite descendit du char, dans sa tenue habituelle, c'est-à-dire nue ; elle lui promit l'amour de la plus belle femme du monde – et Pâris subjugué lui tendit la pomme sans plus réfléchir.

Qui était la plus belle femme du monde ? Hélène, la fille de Zeus et de Léda, élevée par le roi Tyndare. Mais ce n'était pas si simple : Hélène était déjà mariée, au roi de Sparte, Ménélas. Pire encore : avant ce mariage, tous les rois grecs étaient venus demander sa main. Pour désamorcer leur rivalité, qui pouvait devenir meurtrière, Tyndare avait obtenu d'eux, avant de désigner l'heureux élu, qu'ils prêtent serment : non seulement ils s'inclineraient devant le choix d'Hélène, mais ils accourraient au secours de son époux s'il avait besoin d'eux.

Pâris vint à Sparte, en Grèce, enleva Hélène consentante et la ramena à Troie en Asie. Ménélas, fou de rage, décida de se venger, et entraîna avec lui tous les rois grecs, pour un long siège devant Troie.

Dix ans de combats ! Dix années pendant lesquelles s'affrontèrent des héros aussi illustres qu'Achille, le fils de la déesse Thétis, Ménélas et son frère Agamemnon, Diomède et le grand Ajax, et Ulysse le malin, le plus intelligent des Grecs ; en face d'eux se dressaient les cinquante fils de

Priam – dont Hector, le plus vaillant et le plus sage –, Énée le fils d'Aphrodite, Sarpédon né de Zeus, et tant d'autres...

Zeus tenait la balance des destins, refusant d'intervenir, même quand arriva la dernière heure de Sarpédon. Mais les autres dieux n'avaient pas ces scrupules !

Aphrodite bien sûr protégeait les Troyens, Énée surtout, son fils chéri, qui réussit à s'enfuir de Troie avec les rares survivants. Mais elle n'était pas douée pour le combat ! Elle s'en mêla pourtant, et fut blessée par le puissant Diomède. Celui-ci réussit même à blesser Arès, qui bien sûr luttait près d'Aphrodite. Autre partisan des Troyens, le grand Apollon, qui avait, avec Poséidon, construit les remparts de Troie et ne pouvait se résoudre à les voir abattus. C'est lui qui guida la main de Pâris pour tuer Achille, le plus meurtrier des Grecs.

Troie fut finalement anéantie. Grâce à la valeur des Grecs, grâce aussi à l'aide précieuse d'Héra et Athéna, qui voulaient la perte de Pâris et des Troyens. Athéna fut toute-puissante dans la bataille – c'est son domaine. Attentive à tous, elle eut des préférences : Diomède, Achille, et surtout Ulysse le rusé.

D'autres dieux assistèrent les Grecs à l'occasion, tel Héphaïstos. Le dieu du Feu forgea, à la demande de Thétis, un merveilleux bouclier pour Achille, le fils de la déesse. En une nuit, il réalisa une arme solide et magnifique, ornée de scènes où les métaux précieux mêlaient leurs couleurs et leur éclat. Les sujets représentés étaient pleins de vie ! Muni de ce bouclier, Achille put retourner au combat, et tua Hector, le rempart de Troie.

Ce n'est ni la force ni le courage qui mirent fin à la guerre, mais la ruse. Les Grecs firent mine de quitter les rivages de Troade, abandonnant derrière eux un grand cheval de bois, aux flancs creux, que les Troyens firent entrer dans leurs murs. Ce cheval cachait des combattants en armes, qui sortirent à la nuit pour tuer, piller, massacrer, incendier.

Décidément, les dieux sont bien cruels, mais les hommes aussi !

La mythique guerre de Troie est peut-être inspirée d'un épisode réel de la rivalité entre cités grecques d'Europe et cités d'Asie Mineure (Turquie actuelle). Plus tard, elle sera analysée par les Grecs de l'âge classique comme la première union des Grecs face à un ennemi extérieur. Elle forme le noyau d'un grand cycle mythologique, immortalisé par l'*Iliade* et l'*Odyssée* du poète Homère (VIIIe s. av. J.-C.).

Le jugement de Pâris

« Troie fut finalement anéantie. Grâce à la valeur des Grecs, grâce aussi à l'aide précieuse d'Héra et Athéna, qui voulaient la perte de Pâris et des Troyens. »

À l'origine de la guerre de Troie
Le jugement de Pâris, et même la naissance d'Hélène, auraient été, selon certains, arrangés par Zeus pour provoquer une guerre meurtrière, afin de soulager la Terre du poids d'une humanité trop nombreuse.

Combat singulier entre Ménélas et Pâris

Héros et dieux
Les héros de la guerre de Troie, telle qu'elle nous est rapportée par l'*Iliade*, s'illustrent dans des combats singuliers où ils sont souvent soutenus par des dieux. Ici, on reconnaît Artémis avec son arc, à droite de Pâris qui semble reculer devant Ménélas.

Aphrodite

La déesse de la Beauté est parfois dite fille de Zeus et d'une Titane, Dioné. Mais le plus souvent on la montre naissant de la Mer, divinité ancienne engendrée par le Ciel. De même Éros, l'Amour, est parfois fils d'Aphrodite, parfois né du Chaos, force primitive de l'accouplement.

La naissance d'Aphrodite

Jeune guerrier mettant ses jambières

L'armement du guerrier

Il sert à attaquer autant qu'à se protéger. Lorsqu'un guerrier meurt sur le champ de bataille, son vainqueur essaie de s'en emparer : armure, casque, etc. sont un trophée (preuve de victoire) et un butin (pour la valeur du métal ouvragé).

La lumière d'Apollon

Parmi toutes les déesses que Zeus aima, Léto était l'une des plus belles. Fille d'un Titan, elle était pourtant sans force devant Héra. Quand celle-ci apprit que Léto était enceinte de Zeus, folle de rage, elle interdit à quiconque de l'accueillir. Et Léto parcourait l'Univers sans pouvoir accoucher : terres et plaines fuyaient devant elle, tant elles craignaient Héra. Enfin, après une interminable errance, elle mit pied sur l'île déserte d'Ortygie. Une toute petite île, sèche et pierreuse, qui voguait sur la mer au gré des courants, car elle n'avait pas d'attaches. Ortygie estima qu'elle n'avait rien à perdre, et brava la colère d'Héra.

Léto s'installa à l'ombre d'un palmier, seul arbre de l'île. Athéna, Aphrodite, toutes les déesses l'entouraient, prêtes à l'aider. Toutes, sauf deux : Héra et sa fille Ilithye que la première retenait auprès d'elle sur l'Olympe. Or la délivrance ne pouvait avoir lieu sans Ilithye ! Léto souffrait les douleurs de l'enfantement depuis neuf jours et neuf nuits, quand les Immortelles réunies autour d'elle se résolurent à envoyer Iris, la messagère des dieux, porter à la fille d'Héra un magnifique collier d'or et d'ambre. La déesse des Naissances se laissa fléchir par ce présent, et Léto put enfin accoucher. De jumeaux : d'abord Artémis, la vierge chasseresse, qui aida ensuite sa mère à mettre au monde le bel Apollon, le dieu de lumière. Sept cygnes sacrés survolèrent sept fois l'île : un grand dieu était né.

Le premier acte d'Apollon fut de remercier la modeste petite île d'Ortygie : il la fixa au centre du monde grec par quatre hautes colonnes attachées au fond de la mer et la nomma Délos, la « brillante », parce qu'elle l'avait vu naître, lui, **Phoibos** Apollon.

Phoibos : brillant, lumineux. De là Phœbus, en latin.

Les dieux jumeaux ont bien des points communs. D'abord leur arme : l'arc, que tous deux manient avec la plus grande habileté. Tous deux sont redoutables au combat et furent d'inestimables alliés contre les Géants. Et lorsqu'ils lancent leurs traits sur les humains, c'est la mort qui s'abat à coup sûr. Artémis tue les femmes en couches, les chasseurs malhabiles ou imprudents. Apollon use plutôt de son arme comme un dieu guerrier. En outre ses flèches propagent les épidémies : la peste est son châtiment de prédilection.

Gare à celui qui encourt leur vengeance ! Qu'il se souvienne de ce qui arriva à Niobé...

Cette princesse était tellement fière d'avoir mis au monde six fils et six filles qu'elle commit l'imprudence de se comparer à Léto – qui, dit-elle, n'avait été capable de donner naissance qu'à un seul fils et une seule fille ! La déesse, furieuse de ce mépris, en appela à ses rejetons. Apollon et Artémis accoururent et décochèrent leurs flèches meurtrières, Apollon sur les garçons, Artémis sur les filles. En un jour, Niobé perdit ses douze enfants. Elle ne savait plus que sangloter... C'est ce qu'elle ferait encore si les dieux n'avaient eu pitié d'elle et de sa douleur inconsolable : ils la changèrent en pierre, tout au sommet du mont Sipyle. Mais ses yeux pleurent encore, et une source coule aujourd'hui du rocher qui fut Niobé.

La colère des deux jumeaux est tout aussi redoutable quand ils n'agissent pas ensemble. Les Grecs le savent bien, depuis la guerre de Troie !

Alors que les vaisseaux grecs s'étaient rassemblés pour partir attaquer Troie, Agamemnon, le roi des rois, tua un cerf avec adresse. Il prétendit – le fou ! – qu'Artémis n'aurait pas fait mieux. En paiement de son imprudente vantardise, la cruelle déesse exigea de lui le sacrifice de sa fille aînée, Iphigénie. Sinon, la flotte grecque ne pourrait partir faute de vent. Agamemnon dut s'exécuter...

Une fois arrivés à Troie, les Grecs éprouvèrent aussi la

fureur d'Apollon. Près de la ville, le dieu avait un temple desservi par un prêtre, Chrysès. Or, à l'issue d'une bataille, la fille de ce prêtre, faite prisonnière, fut attribuée comme esclave à Agamemnon – toujours lui. Le roi refusa de la rendre à son père, même contre rançon. Chrysès supplia alors Apollon de punir ces Grecs orgueilleux. Le dieu entendit sa prière, décocha ses terribles flèches et la peste s'abattit sur le camp. Devant l'alarme des chefs grecs, Agamemnon finit par accepter de se séparer de la jeune fille, non sans colère. Mais ceci est une autre histoire.

Les grands dieux n'ont pas qu'une corde à leur arc – l'expression convient bien à Apollon. En effet, il n'est pas seulement le grand Archer, il est également devenu, avec l'aveu de Zeus, le seigneur des **devins**, leur inspirateur.

Trois jours après sa naissance, Zeus fit connaître à tous la grandeur de son fils en lui attribuant le sanctuaire de Delphes, qui abritait un vieil oracle de la Titane Thémis. Or cet oracle était jalousement gardé par Python, un terrible dragon qui dévastait la région. Apollon commença donc par tuer le dragon. Puis, pour apaiser l'esprit du mort, il institua en son honneur des **jeux** funèbres, les jeux

Devin : prêtre qui connaît et révèle l'avenir et le sens caché des événements.
Jeux : concours dotés de prix, célébrés en l'honneur d'un dieu, ou (ici) d'un mort.

Pythiques, qui furent ensuite célébrés tous les quatre ans. Il dut enfin se rendre jusqu'en Thessalie, au nord de la Grèce, pour se purifier de la souillure provoquée par le meurtre. Alors seulement, il s'empara de l'oracle, et fit du sanctuaire de Delphes l'un des plus grands de la Grèce.

Pendant des siècles et des siècles, des rois, des héros, des ambassadeurs vinrent interroger la Pythie. Ainsi se nommait la prêtresse chargée d'interpréter les réponses d'Apollon, en souvenir du dragon vaincu. Mais le dieu aime se jouer des humains, et ses prophéties étaient parfois si incompréhensibles que bien des pèlerins les comprenaient de travers. C'est pourquoi les hommes nommaient parfois Apollon : Loxias, l'Oblique. Il lui arrivait aussi d'être direct, et plusieurs des héros qui venaient le consulter apprirent des nouvelles dont ils se seraient bien passés. Œdipe le boiteux, alors prince de Corinthe, s'entendit annoncer par la Pythie qu'il tuerait son père et épouserait sa mère. Oreste, le fils d'Agamemnon, sut qu'il devait tuer sa mère, pour venger son père. Quelles horribles prédictions !

Apollon n'inspire pas que la Pythie. La plupart des grands devins, Calchas, Tirésias ou Cassandre, lui doivent leur don. Mais la princesse **Cassandre**, aucune de ses prophéties n'a jamais été crue par personne ! Elle était fille de Priam et sœur de Pâris, et elle était très belle. Apollon, pour la séduire, lui avait tout

Cassandre : ce nom est devenu synonyme de « prophète de malheur ».

appris de l'art divinatoire. Une fois instruite, Cassandre eut la témérité de se refuser au dieu. Pour se venger, Apollon la maudit : personne n'ajouterait foi à aucune de ses prédictions. En effet, pendant la guerre de Troie, elle ne cessa d'annoncer les pires malheurs à Priam et à tous les Troyens, qui la prirent pour une folle. Pourtant, c'est elle qui avait raison !

Cassandre ne fut pas la seule qui refusa de céder à Apollon. C'est étonnant, mais c'est ainsi : ce dieu si grand, si beau avec ses longues boucles brunes, ne fut pas toujours heureux en amour. C'est ainsi qu'il aima en vain la nymphe Daphné, fille du dieu-fleuve Pénée. Longtemps, longtemps il suivit sa trace dans la montagne alors qu'elle fuyait devant lui. Au dernier moment, sur le point d'être rattrapée par Apollon, elle pria son père de l'aider à échapper à son poursuivant. Pénée l'entendit et la changea en laurier. C'est pour cette raison que le laurier est l'arbre consacré à Apollon et que la couronne de laurier récompense les vainqueurs des jeux Pythiques.

Quelque chose distingue les jeux Pythiques des autres jeux **panhelléniques** : en plus des épreuves gymniques et hippiques, il y a des épreuves musicales. C'est qu'Apollon est aussi le dieu des Arts. De même qu'il inspire les devins, il inspire les poètes et les musiciens.

Panhelléniques : qui rassemblent tous les Grecs. À l'occasion de ces jeux, une trêve sacrée était observée par la Grèce entière.

Dans cette tâche, il est assisté par les Muses. Les Muses sont nées de Zeus et de la Titane Mnémosyne, la Mémoire, au terme de neuf nuits d'amour. Elles sont donc neuf, qui se réunissent souvent sur le mont Parnasse, près de Delphes, ou bien sur l'Olympe à l'occasion des banquets, et se plaisent à chanter en chœur avec Apollon. Elles évoquent les aventures et les hauts faits des héros et des Olympiens, les merveilles de la terre et du ciel : elles sont la divine Mémoire de l'Univers. Ce sont elles qui soufflent leurs vers aux poètes. Le dieu les accompagne de la lyre, l'instrument que lui offrit ce voleur d'Hermès pour se faire pardonner.

Hermès, un voleur ? Hermès, le dieu messager, le fils de Zeus et de Maïa, elle-même fille du géant Atlas ? Eh oui, Hermès, dès sa naissance, montra son extraordinaire habileté… à faire des bêtises. À peine était-il venu au monde – de nuit, dans une grotte du mont Cyllène, en Arcadie – qu'il trouva le moyen de se débarrasser de ses langes et de trottiner jusqu'en Thessalie, où Apollon faisait paître ses troupeaux. Enfin, « faisait paître », c'est vite dit… Il était tout à ses amours, et ne vit pas venir le petit Hermès, qui sépara du troupeau douze vaches et deux cents génisses. Attachant une branche à la queue de chacun des animaux pour effacer la trace de leurs pas, il les emmena jusqu'à Pylos, au sud de la Grèce. Là, il sacrifia

deux des bêtes, en fit douze parts, pour les douze grands dieux, et cacha le reste du troupeau. Puis il revint en courant au Cyllène. Le jour commençait à se lever et il vit à l'entrée de sa grotte une coquille de tortue. Il la vida et tendit sur son ventre sept cordes faites avec les intestins des bœufs qu'il avait sacrifiés. Quand il fit vibrer les cordes, un son mélodieux en sortit : il venait d'inventer la première lyre ! Enfin, content de lui – et un peu fatigué sans doute –, il s'emmaillota parfaitement dans ses langes, et s'endormit.

Apollon avait tout compris – n'était-il pas le meilleur des devins ? Or quand il arriva furieux sur le Cyllène pour se plaindre auprès de Maïa, celle-ci, outrée, lui montra son bébé parfaitement langé : comment aurait-il pu bouger de son berceau ?!! Mais Apollon oublia sa colère : il venait d'apercevoir la lyre. Il s'en saisit, la tourna et retourna entre ses mains, et sut en tirer des sons qui le ravirent. Hermès, réveillé entre-temps, lui offrit l'instrument en échange du troupeau volé, et pour signer leur réconciliation.

Séduit par la malice et la rapidité de son fils, Zeus en fit son messager. Équipé d'un chapeau et de sandales ailés, Hermès parcourt depuis ce temps les routes du ciel et de la terre. Il protège les commerçants et conduit les voyageurs ; il conduit même ces tristes voyageurs que sont les âmes des morts qui rejoignent les Enfers.

Enfin, et ce n'est pas étonnant, c'est lui qui protège les… voleurs !

COMME LES HÉROS DANS LA MYTHOLOGIE, les Grecs n'agissaient pas sans avoir consulté les dieux et reçu leur approbation. Plusieurs moyens étaient à leur disposition pour cela : observation des entrailles d'un animal sacrifié, ou du vol des oiseaux, interprétation des rêves, consultation d'un devin.

Cassandre
Elle eut le triste privilège de prévoir sa propre mort. Après la chute de Troie, elle fut emmenée par Agamemnon à Argos – où son épouse Clytemnestre les tua, lui d'abord, elle ensuite.

Clytemnestre tue Cassandre.

« Apollon fit du sanctuaire de Delphes l'un des plus grands de la Grèce. »

Les aigles sont envoyés par Zeus, les cygnes par Apollon.

Les oiseaux
Animaux célestes, ils sont les messagers de la volonté divine. Selon leur nombre ou leur direction, selon la formation en vol qu'ils adoptent, ils sont de bon ou de mauvais augure.

Signes divins
Un coup de tonnerre dans le ciel avant que l'orage ait éclaté, toute manifestation inhabituelle, un éternuement même, peuvent annoncer que la divinité exaucera un souhait, ou signifier l'échec ou le succès.

Temple d'Apollon à Delphes en Grèce

Les chênes de Dodone
À Dodone, c'est le feuillage des chênes sacrés qui porte la parole du dieu : les prêtres du sanctuaire interprètent leur bruissement.

Devins et sanctuaires
La première divinité à connaître l'avenir est la Terre. Plusieurs exercent ensuite ce pouvoir : Métis et Thémis, Zeus, et enfin Apollon. Son sanctuaire de Delphes reçoit des ambassadeurs de tout le monde grec, et s'enrichit constamment d'offrandes précieuses.

Chêne

Ulysse consulte Tirésias.

Consultation aux Enfers
Ulysse, au cours de son Odyssée, alla jusqu'aux Enfers pour consulter Tirésias, déjà mort, sur la fin de son voyage. Le sang des animaux sacrifiés (dans ce cas, ils sont entièrement brûlés, c'est un « holocauste ») attire les esprits des Morts, et leur redonne vie quelque temps. Ulysse laissa Tirésias boire ce sang, puis les amis qu'il voulait interroger, mais il en interdit l'accès aux autres.

Les errances de Dionysos

Dionysos, qu'on nomme aussi Bacchos, est un grand dieu, un dieu ambigu, à la fois bien- et malfaisant. Et pourtant (ou à cause de cela ?), c'est celui des dieux qui eut le plus de difficulté à s'imposer, et à imposer son culte.

Cela est sans doute dû, d'abord, à sa naissance. Comme Héraclès, Dionysos est fils de Zeus et d'une mortelle, Sémélé, fille d'Harmonie. Héra ayant eu vent de leurs amours inspira à Sémélé un désir insensé : celui de voir son amant dans toute sa gloire. La malheureuse inconsciente fit promettre à Zeus de satisfaire son caprice – sans préciser de quoi il s'agissait – et quand il eut accepté, elle lui demanda ce que Héra lui avait soufflé. Zeus essaya bien de la faire changer d'avis, en vain. Ayant juré par le Styx, il ne pouvait revenir sur sa parole. Il apparut donc dans un bruit de tonnerre, environné d'éclairs incandescents. La foudre embrasa aussitôt la pauvre Sémélé, qui brûla comme une torche. Elle portait dans son sein un enfant, que Zeus retira prestement. Pour lui laisser achever sa croissance, il le cousit à l'intérieur de sa cuisse, à l'abri des regards jaloux d'Héra. Trois mois plus tard naissait Dionysos – le deux fois né.

Il fallait lui trouver une nourrice, puisque sa mère était morte. Zeus confia d'abord le nourrisson à une sœur de Sémélé, Ino. Mais gare à Héra ! Toute à sa haine, elle ne tarda pas à retrouver la trace du fils de sa rivale, et se vengea d'Ino en lui inspirant ainsi qu'à son époux une folie meurtrière : ils avaient deux fils, qui périrent d'atroce façon, chacun tué par l'un de ses parents. Ino revenue à elle se jeta à la mer avec le cadavre de son enfant.

Dionysos fut alors transporté par son père à Nysa, au cœur de l'Asie, et par précaution, métamorphosé en chevreau. Des nymphes le nourrirent, qui furent ensuite, en signe de reconnaissance, transformées en étoiles, et épinglées au ciel nocturne. Elles forment aujourd'hui la constellation des Hyades.

Son éducation fut achevée par Silène, le fils de Pan, très sage et très laid. Comme tous les satyres, il a des pieds de bouc et une abondante queue de cheval. Vieil ivrogne, il est affligé d'un gros ventre qui l'empêche de courir, sexe dressé, après les Ménades et les nymphes, comme le font les autres satyres. Jamais ensuite il n'abandonna Dionysos.

Devenu adulte, Dionysos fit une merveilleuse et terrible découverte : la vigne, et le vin. Le vin bienfaisant, qui apporte la gaieté et la légèreté, qui fait pétiller l'esprit – le vin de malheur, qui colle la langue au palais, qui rend aveugle et fait délirer.

Mais Dionysos ne put rester en Grèce pour y propager sa découverte. La haine d'Héra n'était pas encore satisfaite : la déesse lui ôta la raison, et l'envoya errer sans but à travers l'Égypte, la Syrie, jusqu'en Phrygie.

Là, revenu à lui, il gagna la Thrace, où il réussit un peu à s'imposer. Il en repartit, cette fois pour conquérir l'Inde. Expédition victorieuse, grâce à son armée et à ses enchantements. Il en revint sur un char triomphal, orné de **pampres** et de lierre, traîné par des panthères, escorté des compagnons qui l'entourent sans faillir : Silène et les satyres, ainsi que les Ménades – les « folles » de Bacchos, possédées du dieu – qui le suivent partout, délirantes et brandissant le **thyrse**, jouant du tambourin ou de la flûte.

Pampre : branche de vigne avec ses feuilles (et souvent ses grappes).
Thyrse : bâton entouré de feuilles de lierre ou de vigne, et surmonté d'une pomme de pin. C'est l'attribut de Dionysos.

Pan aussi, le père de Silène, rejoint souvent Dionysos. Ce fils d'Hermès a non seulement les pieds d'un bouc, mais aussi les cornes. Toujours joyeux, visage plissé et malicieux, il éveilla la gaieté chez tous les dieux de l'Olympe quand son père vint le leur présenter. En digne fils d'Hermès, lui aussi inventa un instrument de

musique : la syrinx formée de sept tiges de roseau – la flûte de Pan. C'est un instrument de berger : Pan n'est-il pas leur protecteur, et berger lui-même ? Mais il ne se contente pas de garder les troupeaux : vif et agile, il court, il grimpe, il se dissimule pour attraper les jolies nymphes qui passent à sa portée. Pan est un aimable coquin… Ce qu'il apprécie aussi, c'est faire la sieste à l'ombre quand le soleil est au zénith. Gare alors à qui vient le déranger !

Mais si Dionysos avait triomphé en Asie, c'était loin d'être le cas en Grèce, et souvent le dieu rencontra des oppositions farouches à la culture de la vigne et à son culte. Il n'hésitait alors devant aucune cruauté pour affirmer sa puissance.

Avant même de partir en Inde, il rendit fou Lycurgue, le roi de Thrace, qui refusait de l'accueillir. Le roi prit ses jambes et celles de son fils pour des pieds de vigne, et entreprit de les tailler. Puis il fut écartelé par la population du pays sur ordre du dieu.

Plus tard, revenu en Béotie, le pays de sa mère Sémélé, Dionysos voulut instituer les Bacchanales, ces fêtes où des cortèges déchaînés – des femmes surtout, les Bacchantes – parcourent la campagne en **état de transe**. À Thèbes régnait alors Penthée, le fils d'Agavé, sœur de Sémélé. Or Penthée ne voulait pas des Bacchanales. Malgré cela, Dionysos envoya Agavé et les Thébaines

État de transe : fait d'être hors de soi.

célébrer ses **Mystères** sur le mont Cithéron, puis inspira à Penthée l'envie de les espionner. Découvert par les Bacchantes en transe, Penthée fut horriblement déchiqueté, membre à membre, par sa propre mère, qui l'avait pris pour une bête sauvage. Quand elle revint à elle, elle s'enfuit épouvantée bien loin de Thèbes. Mais le culte de Dionysos s'était imposé.

Heureusement tous les mortels ne sont pas si **rétifs**, et la culture de la vigne finit par se répandre plus pacifiquement. Parvenu à la sérénité, Bacchos découvrit dans l'île de Naxos Ariane, la fille de Minos, roi de Crète. Elle avait été abandonnée là par Thésée, et pourtant elle avait aidé le héros à vaincre le **Minotaure** dans le **Labyrinthe**. Bacchos lui fit oublier cette trahison, et l'emmena avec lui sur l'Olympe. Inconsolable après sa mort, il envoya au ciel le diadème étincelant qu'il lui avait offert, et qui est depuis la constellation de la Couronne Boréale.

Si Dionysos est resté inconsolable, il ne l'a jamais fait peser sur les hommes, et il continue à conduire chants et danses. Dieu de l'inspiration, Dionysos évite toute rivalité avec Apollon. À chacun son domaine : à Apollon les chœurs divins des Muses, la noblesse de la poésie, et le chant savant de la lyre ou de la **cithare** ; à

Mystère : culte aux rites secrets. Il faut une initiation pour y être admis.
Rétif : récalcitrant, difficile à mener, à persuader.
Minotaure : monstre à tête de taureau, né de Pasiphaé, l'épouse de Minos.
Labyrinthe : palais du Minotaure, dont il était impossible de sortir sans aide.
Cithare : instrument à cordes doté d'un long manche.

Dionysos la fantaisie débridée du tambourin, la mélodieuse spontanéité de la syrinx ou de la flûte double – l'aulos.

Ce dernier instrument, c'est Athéna qui l'avait inventé. Mais en se mirant dans l'eau d'une rivière alors qu'elle en jouait, elle vit ses joues gonflées et se trouva horrible. Elle jeta donc la flûte, et c'est un satyre, Marsyas, qui la ramassa. Comme les sons qu'il en tirait lui semblaient merveilleux, il défia – l'inconscient ! – Apollon avec sa lyre. Le dieu de lumière accepta le concours, à condition que le vainqueur soit libre de fixer le prix de sa victoire. Apollon l'emporta, et pour montrer à tous combien il était dangereux de mettre en doute sa supériorité, il pendit Marsyas par les pieds à un pin, et l'écorcha vif.

Quelle folie de vouloir rivaliser avec Apollon ! Et plus généralement, quelle vanité d'imaginer qu'on peut rivaliser avec un dieu, quel qu'il soit !...

POUR LES GRECS, la musique est le premier des arts, le seul auquel même les philosophes accordent du prix. Son nom indique son origine : c'est l'art par excellence des Muses. Mais il ne faut pas s'y tromper : la musique grecque n'est pas seulement une question de rythme et de sons, c'est aussi affaire de poésie, voire de réflexion.

Dionysos et Ariane associés à un masque tragique

Les neuf Muses
La première, Calliope, patronne la poésie épique ; Erato, Euterpe et Polhymnie, les autres formes de musique et de poésie ; Terpsichore la danse ; Thalie la comédie et Melpomène la tragédie ; Clio l'histoire et Uranie l'astronomie. On voit, à leurs attributions, que la frontière entre arts et sciences n'était pas très nette pour les anciens Grecs.

Muse lisant

Le mont Parnasse

Dionysos et la tragédie
Le culte de Dionysos comportait des chants exécutés par un chœur. Un, deux, puis trois acteurs furent opposés au chœur, et de ces chants naquit la tragédie, qui se joue en public, lors des fêtes du dieu.

Apollon et les Muses
Nées sur l'Hélicon, en Béotie, selon certains, ou en Thrace, les Muses ont suivi Apollon sur le mont Parnasse qui surplombe Delphes, principal sanctuaire du dieu. D'abord indifférenciées, elles se sont individualisées à l'âge classique.

Dionysos

Ménade

“ Adulte, Dionysos fit une merveilleuse et terrible découverte : la vigne, et le vin. ”

La lyre
Instrument savant, à plusieurs cordes, la lyre accompagne la poésie épique (qui raconte les aventures des héros). Puis elle donne son nom à la poésie des sentiments, plus personnelle : la poésie lyrique.

Dionysos et ses fidèles
Le joyeux cortège de Dionysos avance au rythme des instruments les plus simples : flûte du berger et tambourin populaire. On reconnaît une Ménade et un satyre à queue de cheval.

Satyre

Joueurs de lyre

Les richesses de la Terre

Si les fils et filles de Zeus jouent un grand rôle à ses côtés, il ne faut pas oublier pour autant ses frères et sœurs, les Cronides.

La première-née de Rhéa fut Hestia la sage, qui obtint de Zeus de ne jamais quitter l'Olympe, éternellement vierge. Elle est le Foyer, le centre du monde divin, comme le foyer est le centre sacré de toute demeure.

Puis vint la blonde Déméter. Zeus l'aima, engendrant sa fille Perséphone, la belle. Déesse des Récoltes et de la Terre cultivée, Déméter aimait à voir pousser le blé, aussi blond qu'elle ; elle l'égayait avec des coquelicots éclatants, rouges comme son sourire. Et son plus grand bonheur était de voir son enfant, si jolie, s'ébattre à travers champs avec ses jeunes sœurs Artémis et Athéna. Puis un jour…

Un jour, terrible entre tous, Hadès vit Perséphone et en tomba irrésistiblement amoureux. Or Hadès, l'Invisible, est puissant : premier des fils de Cronos, frère aîné de Zeus, il a reçu en partage le vaste domaine souterrain des Enfers. À l'écart des Olympiens et du monde des Vivants, il règne, inflexible et redouté, sur les Morts. Et c'est lui qui aimait la tendre et douce Perséphone ! Il prévint son frère de son choix, et Zeus lui accorda sa fille. Se doutait-il que Déméter serait moins conciliante que lui ? Il préféra se passer de son avis, et le lendemain, dès que la déesse eut le dos tourné, une grande faille s'ouvrit dans la terre devant Perséphone occupée à cueillir des fleurs, et Hadès enleva la jeune fille. Celle-ci n'eut que le temps de pousser un cri, et la faille se referma.

Déméter avait entendu ce cri, et elle accourut. Mais où était sa fille ? Aucune trace ! Folle d'angoisse, Déméter parcourut la terre entière à sa recherche. Pour être sûre de ne rien laisser dans l'ombre, elle portait un flambeau dans chaque main. Pendant neuf jours et neuf nuits, elle erra, sans boire ni manger, sans se baigner ni se parer. Le dixième jour, elle rencontra Hécate la magicienne, qui avait bien vu la terre s'ouvrir, mais n'avait pas reconnu le ravisseur. Enfin Hélios, le Soleil qui voit tout, lui révéla la vérité. Déméter réclama sa fille, en vain. Hadès faisait la sourde oreille, Zeus aussi.

Alors, Déméter, très irritée contre les dieux, décida de quitter l'Olympe et de délaisser sa fonction divine tant qu'on ne lui aurait pas rendu sa fille. Déguisée en vieille femme, elle s'installa à **Éleusis**. Elle devint la nourrice de Démophon, le fils du roi d'Éleusis. Elle s'attacha à l'enfant et décida de le rendre immortel. Pour cela, il fallait le débarrasser des éléments périssables qui le composaient. Chaque nuit, en secret, elle le plongeait dans le feu, et le jeune enfant devenait de plus en plus épanoui. Charmée, et curieuse de savoir comment s'y prenait la nourrice, la mère de Démophon se cacha un soir pour épier la vieille femme. Quand elle la vit approcher l'enfant du **brasero**, elle ne put s'empêcher de pousser un cri. Déméter lâcha l'enfant, qui ne devint jamais immortel, et elle révéla qui elle était. Elle garda de l'affection pour Démophon et ses parents, et revint plus tard s'installer à Éleusis, qui l'avait si généreusement accueillie.

Éleusis : ville proche d'Athènes, où l'on célébrait les Mystères des Grandes Déesses (Déméter et Perséphone).

Brasero : bassin posé sur un trépied, dans lequel on fait brûler du charbon.

Pendant tout ce temps, que se passait-il sous terre, et sur terre ?

À la surface, comme Déméter ne s'occupait plus de rien, la terre était stérile, aucune plante ne poussait, plus de récoltes ! Hommes et bêtes ne pouvaient plus se nourrir, tous périssaient, et les dieux ne recevaient plus de sacrifices. Zeus s'en émut et comprit qu'il fallait en passer par la volonté de Déméter, tant pis pour Hadès !

Aux Enfers, Hadès, pour conquérir sa fiancée, lui avait offert de partager toutes ses richesses. Et elles étaient nombreuses ! Tout ce qui se trouvait sous terre faisait partie de

son domaine : racines et germes, mais aussi minerais d'or ou d'argent ! D'ailleurs les hommes, qui n'aiment pas prononcer le nom du dieu redouté, l'appellent souvent Ploutôn, le Riche. Mais Perséphone gardait l'espoir de quitter ces lieux oppressants, et, à sa manière, résistait à son ravisseur. Une vieille loi régit les Enfers : quiconque y descend vivant (s'il l'ose !) ne peut en remonter s'il a avalé quelque nourriture que ce soit. Perséphone donc refusait de manger. Mais un jour – un jour plus gris que les autres ? – elle avala sans y penser vraiment le grain rouge d'une grenade. Quand Zeus réclama à Hadès sa fille, pour la rendre à sa mère, le dieu des Enfers lui opposa ce grain

de grenade. Comment faire pour contenter tout le monde ? Une seule solution, le compromis. Hadès accepta que Perséphone retourne quelques mois par an auprès de sa mère sur terre. Mais l'autre moitié de l'année, elle devait revenir à ses côtés, régner sur les Morts.

Déméter n'accepta qu'en partie ce compromis : certes, quand Perséphone est près d'elle, toutes deux s'emploient à faire pousser le blé et à donner aux hommes les belles récoltes qui les font vivre. Mais quand Perséphone la quitte pour descendre aux Enfers, elle est si malheureuse qu'elle ne se soucie plus de rien et laisse la terre noire et nue : c'est l'hiver triste et froid.

Perséphone de son côté s'est très bien faite à son rôle de reine des Enfers et vit en parfaite harmonie avec son époux. Mais ils n'ont jamais eu d'enfant.

Ils règnent sur les âmes des Morts, tristes fantômes errant de l'autre côté de l'Achéron, le fleuve-frontière des Enfers. Pour traverser le fleuve, les esprits doivent utiliser la barque de Charon, le vilain passeur à barbe grise, qui se fait payer d'une **obole**. Ceux qui n'ont pas l'obole, ou qui n'ont pas reçu les honneurs funèbres – les noyés, les oubliés – gémissent aux bords du fleuve sans trouver le repos. Impossible de quitter les Enfers, ou du moins aussi difficile qu'y entrer : le gardien en est Cerbère, ce monstre à trois têtes de chien qui ne ferme jamais en même temps ses trois paires d'yeux, et grogne de ses trois gueules à vous glacer le sang. Des serpents sifflent et s'enlacent sur son dos, et sa queue se termine par un dard de scorpion.

Obole : monnaie grecque.

C'est pourtant cet animal – si l'on peut dire – qu'Héraclès fut chargé de rapporter sur terre. C'est l'avant-dernier des Travaux qu'il devait accomplir pour son cousin Eurysthée, sur ordre d'Héra. Pour pouvoir remonter, une fois son épreuve achevée, Héraclès commença par aller à Éleusis, pour suivre l'enseignement des Déesses et s'initier à leurs Mystères : Perséphone sait bien, elle, comment faire pour revenir du royaume souterrain !

Une fois instruit, il descendit, aidé par Hermès et Athéna. Il trouva Hadès sur le pas de la porte, qui d'abord tenta de lui barrer le chemin. C'était mal connaître Héraclès ! Celui-ci ne se laissa pas impressionner, saisit une grosse pierre et en assomma à moitié le seigneur des Enfers. Hadès, revenu à lui, accepta de laisser partir Cerbère, à condition qu'Héraclès s'en empare à mains nues : ni arc, ni massue. Le héros saisit le monstre par le cou, sans se soucier du dard de scorpion et des serpents qui le piquaient. Étranglé, épuisé, Cerbère cessa bientôt de se défendre, et Héraclès put l'amener à Eurysthée. Celui-ci fut tellement épouvanté en voyant l'animal qu'il sauta dans une grande **jarre** pour se cacher. Héraclès ne savait plus quoi en faire et le ramena chez Hadès. Qui d'autre aurait pu vouloir de Cerbère ?

Jarre : haut récipient de terre cuite, dans lequel on conservait liquides et graines.

D'autres héros se sont risqués à descendre chez Hadès avant leur mort. Orphée est le plus émouvant. Fils de la Muse Calliope, ce jeune homme chantait merveilleusement bien, s'accompagnant de la lyre dont il jouait tout aussi bien. Orphée tomba amoureux d'Eurydice la Dryade, une de ces nymphes qui habitent au cœur des arbres. Les jeunes gens venaient à peine de se marier quand Eurydice mourut, piquée au talon par un serpent. Déchiré de douleur, Orphée ne put se résoudre à la mort

de son aimée – et décida d'aller la chercher. Il franchit la bouche des Enfers, avec pour seule arme sa lyre. Il réussit à charmer l'indomptable Cerbère, puis Charon, et pour finir Perséphone et le redoutable Hadès. Les dieux, touchés de sa douleur, l'autorisèrent à emmener avec lui sa tendre épouse – faveur extraordinaire ! Mais Hadès y mit une condition : Eurydice marcherait derrière, et sous aucun prétexte Orphée ne devait se retourner, ni chercher à la toucher ou à lui parler. Orphée promit tout ce qu'on voulut, et la remontée commença dans l'allégresse. Mais le silence était pesant, et Orphée finit par douter d'Hadès. Il atteignait la bouche des Enfers quand brusquement il se retourna, sûr que son épouse avait été retenue par le dieu des Ombres. Il eut juste le temps de saisir l'étonnement et la douleur dans le regard d'Eurydice avant de la voir disparaître… définitivement cette fois. C'est en vain qu'Orphée essaya de recommencer, Cerbère ne le laissa jamais plus passer. Si ce n'est bien plus tard, à sa mort.

Hadès est le plus terrible des dieux. Ceux qu'il saisit, il les tient à jamais.

TOUTE LA RICHESSE DE LA TERRE se partage entre Hadès le Riche, l'inquiétant dieu souterrain, et Déméter, la féconde déesse des Moissons. Entre les deux, mettant en évidence leur lien : Perséphone, dite aussi Coré, épouse du premier, fille de la seconde. Ainsi se fonde la richesse des Grecs, sur les ressources du sol et du sous-sol.

Champ de blé au pied du mont Olympe

Perséphone et Hadès

Culture du blé
La Grèce est un pays montagneux, aussi la culture du blé, dans les plaines d'Éleusis, d'Arcadie ou de Sicile, est-elle valorisée. C'est que le pain est pour les Grecs une nourriture fondamentale : chez Homère, les hommes civilisés sont des « mangeurs de pain ».

Coré-Perséphone
Même sur le trône des Enfers, elle porte les attributs de la Terre féconde : les épis de blé. Le culte des « Grandes Déesses » l'associe à Déméter. À Éleusis en particulier, elles sont honorées par des Mystères (culte secret qui nécessite une initiation), qui enseignent les moyens de parvenir à une vie heureuse après la mort.

Extraction de l'argile dans une carrière

Les carrières
Dans les carrières, on extrait de l'argile ou du marbre. L'argile fournit la terre des poteries, qui s'exportent à travers le bassin méditerranéen dès le IIe millénaire av. J.-C. Le marbre est utilisé surtout pour la statuaire.

Les métaux
Cuivre de Chypre, argent de la région d'Athènes, or de Thrace : le monde grec est riche en métaux, sauf en fer, qu'il faut importer. Une fois le minerai extrait de la mine, il est traité pour fournir le métal. C'est alors au tour d'Héphaïstos de le travailler !

« Un jour, terrible entre tous, Hadès vit Perséphone, et en tomba irrésistiblement amoureux. »

Récolte des olives

L'olivier
Il fournit son fruit, son feuillage (pour couronner les vainqueurs des jeux Olympiques), et surtout son huile. Celle-ci n'est pas seulement comestible, elle a aussi des utilisations cosmétiques. Les athlètes s'en frottent le corps, les coquettes en enduisent leurs cheveux. Enfin, imprégnée du suc de plantes ou de fleurs, elle sert de base aux parfums ou aux pommades.

Héphaïstos

Poséidon
et les dangers de la Mer

Comme son frère Hadès, Poséidon est un dieu puissant et terrible. Dieu des Mers, il parcourt l'étendue liquide dans un char traîné par des animaux monstrueux, mi-chevaux, mi-serpents, qu'entoure une nombreuse escorte de divinités et d'animaux marins. Son arme favorite est le redoutable trident des pêcheurs. Il en frappe la mer, et fait naître la tempête ; il en frappe la terre, et la fait trembler.

Comme son frère Zeus, c'est un dieu fécond, qui engendra de nombreux enfants avec de nombreuses amantes, sauf – c'est bien étonnant ! – avec son épouse, Amphitrite. Mais contrairement à ceux de Zeus, la plupart de ses rejetons sont monstrueux et violents, tels ceux que rencontra Ulysse au cours du long **voyage** qu'il fit en revenant de Troie : le géant cannibale roi des Lestrygons et le cyclope Polyphème à l'œil unique, non moins cannibale.

Voyage : Ulysse mit dix ans pour rentrer à Ithaque. Ses aventures et son voyage sont racontés dans l'*Odyssée* (du nom grec d'Ulysse : Odysseus). Une odyssée, c'est un voyage plein d'aventures.

Mais il est aussi père de Pégase, le cheval ailé qui naquit de Méduse : l'animal s'envola du cou de la Gorgone, quand Persée l'eut décapitée.

Poséidon a beau être fort, il ne réussit pas toujours ce qu'il entreprend. Souvent, il s'opposa à un autre dieu, par exemple pour obtenir la souveraineté sur une cité. À chaque fois, il fut vaincu. Sans doute ses dons n'étaient-ils pas très utiles aux habitants de ces villes. Ainsi, à Athènes, pour montrer sa puissance, Poséidon avait fait jaillir un lac sur l'**Acropole**, alors qu'Athéna offrait aux Athéniens l'olivier si précieux, qui apporte l'ombre de son feuillage, le bois de son tronc et surtout l'huile de ses fruits. Les dieux réunis en tribunal donnèrent la préférence à la déesse, et c'est d'elle que la ville reçut son nom.

Acropole : ville haute fortifiée, qui abrite les principaux édifices (palais, temples) d'une cité grecque. Celle d'Athènes est célèbre.

Même de la part des mortels, il ne reçoit pas toujours les honneurs auxquels il pourrait prétendre. Ainsi à Troie, aux premiers temps de la cité, bien avant la guerre. Poséidon s'était présenté avec Apollon pour construire des murailles autour de la ville, à la demande de son roi Laomédon. Inutile de préciser que les remparts construits par les deux divinités étaient larges et solides ; des remparts indestructibles, invincibles. Or quand les murailles furent achevées, Laomédon refusa tout net de verser leur salaire aux dieux. Pour se venger, Poséidon fit sortir des flots un monstre qui ravagea les côtes troyennes, jusqu'à ce qu'Héraclès réussisse à le tuer. Le dieu conserva longtemps une profonde rancune envers les Troyens. Cette rancune ne faiblit pas avec la guerre de Troie, et Poséidon fut un de ceux qui combattirent aux côtés des Grecs.

Beaucoup d'autres divinités peuplent la mer. Ce ne sont pas des Olympiens, mais des dieux anciens, fils de Pontos, le Flot marin né de Gaïa en même temps qu'Ouranos.

Le plus vénérable est le beau Vieillard de la Mer, Nérée, à la longue barbe blanche. Autant Poséidon est coléreux, autant Nérée est bienveillant. Bienveillant, mais... Comme il sait beaucoup de choses (n'est-il pas lui aussi fils de Gaïa ?), il est sans cesse interrogé par les héros et les princes qui ont besoin d'élucider un secret ou de résoudre une énigme. Et il n'aime pas cela. Alors, pour éluder les questions, il se camoufle et se transforme. Pas seulement en animal, marin ou non, mais en n'importe quel élément : arbre, et même eau ! Il n'est d'ailleurs pas le seul, parmi les divinités marines, à posséder le pouvoir de prendre toutes les formes imaginables, quand il s'agit d'échapper aux questionneurs. L'autre grand spécialiste de la métamorphose est Protée. Celui-là est un serviteur de Poséidon, c'est lui qui fait paître les troupeaux de phoques du dieu des Mers, près de l'île de Pharos, en Égypte. Avec lui comme avec Nérée, il n'y a pas deux solutions : il faut les attraper et les tenir solidement, sans se laisser impressionner, jusqu'à ce que, de guerre lasse, ils reprennent leur apparence première et consentent enfin à répondre à toutes les questions qu'on leur pose. C'est ainsi qu'agirent aussi bien Héraclès que Ménélas quand ils en eurent besoin, et tous deux furent récompensés de leur patience. Car Nérée, tout comme Protée, ne savent dire que la vérité. C'est peut-être pour cela qu'ils préfèrent se taire !

Si Protée vit à l'embouchure du Nil, presque en surface, Nérée a pour séjour un magnifique palais sous-marin. Là vivent avec lui ses cinquante filles, les Néréides. Cinquante ? Ou cent ? Presque aussi nombreuses que les vagues de la mer... D'une beauté éblouissante, elles passent leur temps à filer et tisser en chantant, assises sur leur trône d'or. Ou bien elles nagent et jouent avec les dauphins et les **tritons**, et l'on peut voir, quand la mer est claire et que l'on regarde attentivement, leur longue chevelure flottant sur leurs épaules.

Triton : divinité marine à buste d'homme et queue de poisson.

Amphitrite, l'épouse de Poséidon, est l'une d'elles.

Une autre encore eut un destin d'exception : Thétis, la mère d'Achille. Elle était si belle que Zeus et Poséidon la convoitaient tous deux. Prométhée, du temps de sa dispute avec Zeus, voulut faire la paix, et révéla à Zeus l'oracle qui concernait Thétis : le fils qui naîtrait d'elle surpasserait de beaucoup son père. Cela refroidit considé-

rablement les deux Olympiens, et à leur suite tous les dieux. Lequel d'entre eux pouvait vouloir d'un fils plus puissant que lui ? C'est ainsi que Thétis épousa, sans l'avoir vraiment souhaité, Pélée, le roi de Phthie en Thessalie.

Quant à l'enfant qui naquit de cette union, Achille, sa naissance provoqua la rupture définitive de ses parents. Thétis voulait en effet le débarrasser de sa mortalité trop humaine, et pour cela le plongea dans le feu. Mais Pélée la surprit, et retira l'enfant des flammes, trop tôt pour qu'il fût complètement immortel : il n'était qu'invulnérable. Et comme son **talon** avait commencé à se calciner, il fallut

Talon : selon une autre tradition, c'est en plongeant son fils dans l'eau du Styx que Thétis le rendit invulnérable. Mais elle le tenait par le talon, qui ne fut pas mouillé…

le lui remplacer : à cet endroit, il devint vulnérable. Et c'est bien d'une flèche au talon que mourut Achille, flèche lancée par Pâris, guidée par Apollon. Thétis avait tout fait pour sauver son fils de la mort. Mais lui, dès sa prime jeunesse, avait fait son choix : plutôt que vivre vieux et sans gloire, ignoré de tous, il préféra mourir dans la fleur de l'âge et de sa beauté, en guerrier victorieux, chanté des poètes.

Quant aux autres enfants nés de Nérée et de ses frères et sœurs, s'ils sont connus des poètes, c'est surtout parce que ce sont des monstres, laids et malfaisants.

Tantôt ils infestent les airs, comme les Harpyes à tête de femme et à serres crochues, qui ravissent les enfants et les âmes ; ou les Gorgones, Méduse et ses sœurs, qui avaient des serpents en guise de cheveux, et des ailes d'or pour voler, et surtout, des yeux étincelants qui pétrifiaient le malheureux qui croisait leur regard. Ou bien ils ravagent les terres, comme Chimère, au corps de chèvre terminé par une queue de serpent, dont la tête de lion crachait des flammes ; ou l'Hydre de Lerne, dont les six têtes repoussaient au fur et à mesure qu'elles étaient coupées ; pire encore, son haleine et son sang étaient des poisons mortels. Sans parler du géant Géryon, qui avait trois têtes et trois troncs, ou de Cerbère, avec ses trois gueules de chien.

La mer aussi abrite des monstres, véritables dangers pour les marins aventureux. Ceux que l'on connaît le mieux, ce sont ceux que rencontrèrent les plus grandes expéditions maritimes des temps héroïques : Jason et ses Argonautes, et Ulysse revenant de Troie. Ni les uns ni l'autre n'avaient l'idée saugrenue de partir en exploration ! Ils savaient bien que la mer est un monde périlleux, et que les plus courageux n'en reviennent pas toujours. Mais le premier, Jason, avait promis de rapporter de Colchide, loin vers l'est, la fabuleuse Toison d'or. Il n'était pas fou, et embarqua avec lui sur la nef *Argo* cinquante héros parmi les plus grands : Orphée, Castor et Pollux, Héraclès même… Quant au second, il tentait simplement de regagner sa petite île d'Ithaque, et d'y retrouver sa femme et son fils. Mais Poséidon le haïssait, et fit tout ce qui était en son pouvoir pour l'égarer.

Les deux héros rencontrèrent Charybde et Scylla, les deux monstres femelles qui se font face, aussi terribles l'une que l'autre. La première avale trois fois par jour une gigantesque quantité d'eau de mer, et tous les navires qui voguent dans les parages. Et trois fois par jour, elle vomit la même quantité d'eau, et avec, les débris des navires. Les marins qui cherchent à éviter ce piège se trouvent à portée du second monstre, non moins dangereux : Scylla. Elle n'a qu'une paire de jambes, qui la tiennent solidement accrochée au fond marin, et sept corps, l'un de

femme, les six autres de chiens immenses et féroces, tapis à la surface de l'eau. Dès qu'un navire passe près d'elle, ses six gueules de chien jaillissent et s'ouvrent horriblement, saisissant autant de marins, qu'elles dévorent immédiatement. Impossible de passer par ce détroit sans y laisser des victimes...

Plus trompeuses sont les Sirènes, filles de la Muse Melpomène. Mi-femmes, mi-oiseaux, elles chantent merveilleusement. Et c'est un tel enchantement que tout homme n'aspire qu'à s'approcher d'elles pour mieux entendre. Mais à y regarder de plus près, l'écueil sur lequel elles résident est tapissé de **carènes** fracassées et d'ossements humains blanchis par le soleil. Ulysse les écouta, mais auparavant, il avait pris la précaution de se faire attacher au mât de son bateau. Quant aux Argonautes, il fallut toute la puissance du chant d'Orphée pour réussir à contrebalancer le charme vénéneux des Sirènes.

Carène : partie immergée de la coque d'un navire.

Ainsi est la mer, changeante et fascinante, maléfique le plus souvent.

Ainsi sont aussi les dieux : changeants et inconstants, maléfiques souvent, et pourtant fascinants aux yeux des petits humains que nous sommes...

AVEC PLUS DE 13 000 KM DE CÔTES, un rivage découpé, et une multitude d'îles, la Grèce s'est constituée en rapport avec la mer. Si les Grecs ont très tôt su naviguer et pêcher, ils avaient peur de cette Méditerranée fantasque, aux coups de vent soudains et meurtriers, aux courants parfois violents.

Néréides pleurant Achille

« La mer aussi abrite des monstres, véritables dangers pour les marins aventureux. »

Les Néréides
Bienveillantes et belles, les Néréides représentaient peut-être le miroitement de la mer, ou les vagues.

Ulysse et les Sirènes

Les navires
Ils sont mus à la voile (par vent arrière) et surtout à la rame. Sur les trières, navires de guerre de l'âge classique, les rameurs sont disposés sur trois rangées superposées, ce qui augmente la rapidité du navire.

Les Sirènes
Elles chantent les hauts faits des héros, mais en leur faisant oublier la réalité, et ils en meurent – de la pire façon qui soit, puisque la mort en mer est synonyme d'oubli et donc d'errance au bord de l'Achéron.

Les dauphins
Ce seraient des pirates repentis, qui, ayant attaqué Dionysos, plongèrent à l'eau, effrayés par sa magie. Depuis, ils secourent les hommes et sont de tous les cortèges marins.

Dauphin sur une ancre

Poséidon

Poséidon
Son trident est une véritable arme, avec laquelle il soulève les tempêtes. Ainsi contre Ulysse, maudit par Polyphème, le Cyclope fils de Poséidon : dès qu'il approchait du but, un nouvel ouragan l'égarait. Il regagna Ithaque au bout de dix ans, après l'intervention de Zeus.

Monstres et écueils
Les marins grecs savent combien la mer est traître, avec tous ses îlots à fleur d'eau, ses côtes déchiquetées, ses violents courants. Autant de monstres marins dans la mythologie ! Mais la haute mer est pire encore, qui ôte tout repère. C'est pourquoi les Grecs préféraient le cabotage près des côtes.

Scylla

Les sources littéraires du récit

L'histoire des dieux grecs nous a été transmise par une littérature assez abondante (malgré d'énormes pertes) – grecque d'abord, romaine ensuite.

La naissance des dieux : Hésiode

À la charnière des VIIIe-VIIe siècles av. J.-C., Hésiode compose la *Théogonie*, c'est-à-dire la « Naissance des dieux ». Ce long poème nous raconte l'origine des dieux, et c'est la principale source d'inspiration de nos premiers chapitres. Dans un autre poème, les *Travaux et les Jours*, il évoque encore Prométhée, Pandore et les Hommes.

Les dieux en action : Homère

On date du VIIIe siècle av. J.-C. l'*Iliade* et l'*Odyssée*, œuvres majeures d'Homère. Ces épopées racontent les aventures des « héros » grecs, dotés de qualités surhumaines, affrontés à des dangers inouïs : l'*Iliade* un épisode de la guerre de Troie, et l'*Odyssée* le retour d'Ulysse après la guerre. À ces aventures sont toujours mêlés les dieux, soit qu'ils prennent part à l'action, soit qu'un personnage, poète-musicien (un aède), les évoque…

Les héros et les dieux : les Tragiques

À Athènes, au Ve siècle av. J.-C., s'épanouit le genre dramatique, en particulier la tragédie. Le sujet des pièces est presque toujours mythologique, mettant en scène dieux et héros. Outre leur immense valeur littéraire, les grands auteurs tragiques, Eschyle, Sophocle et Euripide, sont donc pour nous d'un grand intérêt.

Titane ou Titanide ?
Hésiode appelle « Titanides » les sœurs des Titans, J.-P. Vernant les nomme « Titanes ». Or le suffixe « ide » signifie « descendant de » : une Océanide est fille d'Océan, un Cronide, fils de Cronos. « Titane » fait un parfait féminin !

Hésiode
Il écrit sa *Théogonie* en puisant à diverses sources. Elle montre donc des incohérences. Éros, par exemple, naît deux fois : la première, du seul Chaos, comme Gaïa ; la seconde, d'Arès et Aphrodite. Nous avons gardé cette incohérence, preuve des variations d'un mythe.

Hésiode

Autres sources anciennes

Nombreuses sont encore les autres sources, du Ve s. av. J.-C. jusqu'à la fin de l'antiquité romaine. Parmi les œuvres littéraires, citons : les *Odes* de Pindare ; l'*Énéide* de Virgile, qui relate les errances et les combats d'Énée ; ou bien encore les *Métamorphoses* du poète Ovide. D'autres œuvres ont un intérêt plus scientifique : *Voyage autour de la Grèce*, où Pausanias décrit tout ce qu'il rencontre, mythes inclus ; ou la *Bibliothèque* du pseudo-Apollodore qui rassemble tous les mythes de la Grèce connus à son époque (IIe siècle apr. J.-C.).

Masque de Dionysos

La tragédie
Elle met en scène le plus souvent un épisode de la geste d'un héros, au cours duquel le héros se débat contre des forces supérieures menaçantes, en vain. Il finit généralement écrasé par son destin.
La représentation d'une pièce avait lieu lors d'un concours, aux fêtes de Dionysos. Les acteurs (parlants) étaient trois au plus, toujours des hommes. Pour jouer, les acteurs portaient des masques, qui servaient de porte-voix, et étaient chaussés de cothurnes à haute semelle, qui les grandissaient.

Ouvrages modernes

Certaines des sources anciennes sont difficiles d'accès pour le non-initié : on n'en trouve pas toujours la traduction. Aussi les « dictionnaires mythologiques » sont-ils nombreux. Qu'on nous permette de rester fidèle à celui de Pierre Grimal : *Dictionnaire de la Mythologie Grecque et Romaine* (PUF).
De nombreux savants se sont penchés sur la mythologie grecque. Récemment l'un des plus grands, Jean-Pierre Vernant, a raconté certaines de ces belles histoires de façon très vivante dans *L'Univers, les Dieux, les Hommes* (Le Seuil).

Mais lire ne suffit pas. Il faut aller admirer de près, dans les musées ou sur les sites, les magnifiques statues et peintures, modernes aussi bien qu'anciennes, qui sont autant d'illustrations des mythes.

Crédits photographiques

h : haut b : bas
d : droite g : gauche
c : centre

16 c : le monde selon Hérodote, 1867 *in* W. Wägner, *Pays et peuples de l'ancienne Grèce*. © AKG-Images ; hd : Constellation du serpent, 1822, *in* A. Jamieson, *Atlas céleste*. © Bridgeman-Giraudon.

17 h : massif des Météores, Grèce. © Corbis/Sygma/ E. Decamp ; c : forêt de frênes. © Corbis/ F. Lane Picture Agency/ D. Middleton ; b : l'Etna. © Corbis/ Sygma/A. Scigliano.

28 g : tête de Polyphème, 150 av. J.-C., Museum of Fine arts, Boston. © Bridgeman-Giraudon ; b : Gigantomachie, Pergame, 165-156 av. J.-C., Pergamon museum, Berlin. © Corbis/R. Vanni.

29 hg : Arc-en-ciel. © Corbis/C. Aurness ; b : assemblée des dieux, vers 375 av. J.-C. SMPK, Antikensammlung, Berlin. © Dist RMN/BPK, Berlin/ J. Liepe ; hd : aigle. © Corbis/R. Sanford.

40 g : sacrifice d'un porc, vers 500 av. J.-C., peintre d'Epidromos, Musée du Louvre, Paris. © RMN/ Les frères Chuzeville ; b : marteau de sacrifice, VIIe siècle av. J.-C., Musée du Louvre, Paris. © RMN/ H. Lewandowski ; h : l'Acropole, Athènes. © Corbis/S. Vanni.

41 b : scène de sacrifice avec offrande de viande, vers 500 av. J.-C., Musée du Louvre, Paris. © AKG-Images/E. Lessing ; d : libation, 500 av. J.-C., peintre d'Argos, Musée du Louvre, Paris. © RMN /H. Lewandowski.

52 g : Zeus et la vache Io, Hermès tue Argos, 500 av. J.-C., Kunsthistorisches museum, Antikensammlung, Vienne. © AKG-Images/ E. Lessing ; hd : Europe chevauchant le taureau, 400 av. J.-C., Kunsthistorisches museum, Antikensammlung, Vienne. © AKG-Images/E. Lessing ; b : la naissance d'Hélène, 450 av. J.-C., Musée archéologique, Potenza. © AKG-Images/A. Baguzzi.

53 b : Zeus et Héra, temple E de Selinonte, Musée archéologique, Palerme. © G. Dagli Orti ; hd : Thalie emportée par Zeus-Aigle, Bibliothèque des arts décoratifs, Paris. © Corbis/ G. Dagli Orti.

62 hg : les armes du guerrier grec, 500 av. J.-C., Musée du Louvre, Paris. © RMN/ H. Lewandowski ; bg : chouette transformée en Athéna, vers 500 av. J.-C., Musée du Louvre, Paris. © RMN/ H. Lewandowski ; d : Athéna, 480-323 av. J.-C., Musée du Louvre, Paris. © RMN/ H. Lewandowski.

63 b : fonderie, 500 av. J.-C., peintre de la Fonderie. SMPK, Antikensammlung, Berlin. © Dist RMN/BPK, Berlin/I. Geske ; hd : femmes travaillant la laine, 500 av. J.-C., SMPK, Antikensammlung, Berlin. © Dist RMN/BPK, Berlin.

74 hd : jugement de Pâris, Héra, Athéna, Hermès, vers 525-500 av. J.-C., groupe de Würzburg, Musée du Louvre, Paris. © RMN/ H. Lewandowski ; c : duel de Ménélas et Pâris, 500 av J.-C., Musée du Louvre, Paris. © RMN/ H. Lewandowski.

75 h : la naissance d'Aphrodite, sculpture du trône Ludovisi, Musée national romain, Rome. © Corbis/ G. Dagli Orti ; d : jeune guerrier mettant ses jambières, vers 515 av. J.-C., SMPK, Antikensammlung, Berlin. © Dist RMN/BPK, Berlin.

88 h : Clytemnestre tue Cassandre, 500 av. J.-C., Musée archéologique, Ferrare. © AKG-Images/Nimatallah ; g : oiseaux de Stymphale (détails), Musée de Boulogne sur Mer, Bibliothèque du Musée des arts décoratifs, Paris. © G. Dagli Orti ; c : Ulysse consultant Tyrésias, Ier s. av. J.-C., Musée du Louvre, Paris. © RMN/ H. Lewandowski.

89 hg : temple d'Apollon, Delphes. © Corbis/ M. Nicholson ; d : grand chêne. © Corbis/ A. Cooper.

98 bg : Muse lisant un volumen, 500 av. J.-C., peintre de Klügman, Musée du Louvre. © RMN/ H. Lewandowski ; c : vue du mont Parnasse. © G. Dagli Orti ; b : Dionysos et son thiase, VIes. av. J.-C., peintre d'Amasis, Musée du Louvre, Paris. © RMN/ G. Blot ; h : Dionysos et Ariane, fin du IIes., Musée du Louvre. © RMN/DR.

99 b : lyricines, VIes. av. J.-C., Musée du Louvre. © RMN/ H. Lewandowski.

110 g : Perséphone et Hadès, 500 av. J.-C., Musée archéologique, Reggio di Calabre. © G. Dagli Orti ; h : champ de blé au pied du mont Olympe, Grèce. © Corbis/ Vanni Archive.

111 h : extraction de l'argile dans une carrière, SMPK, Antikensammlung, Berlin. © Dist RMN/BPK, Berlin/ J. Liepe ; bg : récolte des olives, vers 500 av. J.-C., British Museum, Londres. © Bridgeman-Giraudon ; d : Héphaïstos, IIIes. av. J.-C, Antiquarium, Metaponte. © G. Dagli Orti.

122 c : Ulysse et les Sirènes, 500 av. J.-C., British Museum. © Corbis/W. Forman ; hd : Néréides pleurant Achille, VIes. av. J.-C., peintre de Damon, Musée du Louvre. © RMN/ H. Lewandowski.

123 g : Poséidon et Marsyas, vers 360 av. J.-C., Musée du Louvre, Paris. © G. Dagli Orti ; hd : dauphin sur une ancre, IIes. av. J.-C., Delos, Grèce. © AKG-Images/ E. Lessing. bd : figure de Scylla, Ves. av. J.-C., Antiquarium, Himera. © G. Dagli Orti.

124 Hésiode, Musée du Capitole, Rome. © Bridgeman-Giraudon.

125 masque de Dionysos, IIe-Iers. av. J.-C. Musée du Louvre. © RMN/ H. Lewandowski.

BIBLIOGRAPHIE

E. Blishen, L. Garfield, *Le printemps des dieux*, Folio Junior, 1999.

M.-T. Davidson, *Sur les traces d'Ulysse*, Gallimard Jeunesse, 2001.

C. Estin, H. Laporte, *Le livre de la mythologie grecque et romaine*, Gallimard Jeunesse, 2004.

C. Grenier, *Contes et légendes des héros de la mythologie*, Nathan, 1998.

C. Grenier, *Contes et légendes : Les douze travaux d'Hercule*, Nathan, 1997.

N. Hawthorne, *Le premier et le second livre des Merveilles*, Pocket Junior, 1999, 2000.

A. Pearson, *Lumières de la Grèce*, Les Yeux de la Découverte, Gallimard Jeunesse, 2002.

Collection « Histoires noires de la mythologie » avec notamment des titres sur Orphée, Phèdre, Œdipe, Cassandre, Antigone, Hector. Nathan, 2003-2005.

SITES INTERNET

Le plus complet : francoib.chez.tiscali.fr/urlgrece/gurlarch.htm

Sur la mythologie : www.mythorama.com

www.eleves.ens.fr/home/aze/anime/mythes/mythgrec.html

Visiter le Louvre : www.louvre.edu/

SUR LES TRACES

Direction éditoriale : Françoise Favez
Direction artistique : Élisabeth Cohat

Sur les traces des dieux grecs

Graphisme : Laure Massin, Christine Régnier
Édition : Françoise Favez
Iconographie : Nathalie Lasserre
Carte : Fernand Mognetti

DANS LA MÊME COLLECTION

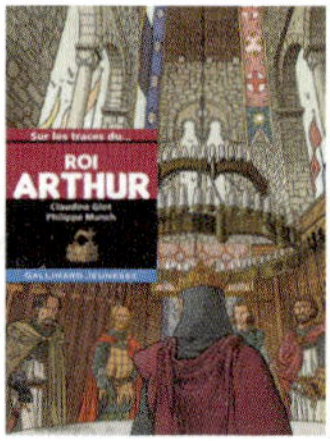

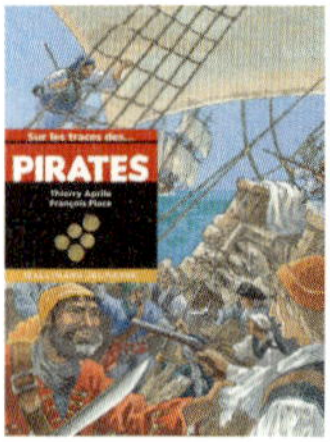